JN409073

사랑은 빈집처럼

Amor fati

함께, 느리게, 즐겁게, 인류의 지혜를 찾아

아모르파티 시선 04

사랑은 빈집처럼

최영진 시집

손과 손
Hand & Hand

시인의 말

시처럼 살고 싶었다
첫 시집이다
'첫' 이라는 수줍음, 신비함 오랜만이다
벅차 몸 둘 곳 없다

가정 안에서 내 속에 존재하는 것을 쓰고 싶었다
그냥 그런 얘기일지도 모른다
그렇더라도 삶 속에서 진실은
언제나 내일을 버티는 힘이요, 용기이지 않은가
지금의 나를 있게 한

기억도 남은 생도
시가 되고 싶어 내게 와 주니
얼마나 고마운가 참 고맙다

2008. 늦가을
최영진

사랑은 빈집처럼

차례

제1부

제2부

제3부

제1부

삶을 사랑하라
아모르파티

나이 예순 꽉 찬 날

나이 예순에
다시 시를 쓰게 되어
참 다행이다
이제 써서 어느 세월에, 하다가
그 생각 그냥 흘려버린다
때맞춰 잠도 줄고
아이들 결혼해서
빈 방도 하나 생기고
내 시간 많아졌으니
참 좋지 않은가
젊어서 했다면
그 많은 집안일 마음씀에
시도 편치 않아 허둥거렸을 것
차라리 지금, 마음도 귀도 순해져
세상 속마음 들을 수 있는 나이
다시 시를 쓰게 되어 정말 기쁘다
후회와 아쉬움 없을 리 없지만
기억도, 남은 생도
시가 되고 싶어 내게 와 주니

얼마나 고마운가 참 고맙다
시 한 편 쓰고서
엄마 젖 배불리 먹고 잠든 아기처럼
세상 모르게 잘 수 있어

데었을 때는

화상을 입었을 땐
일단 수돗물이라도 뭐라 계속
구급차가 올 때까지
가는 동안도
물을 뭐라
얼음물이면 더 좋겠지만
수돗물이라도 계속 부어라
화기가 살 속을 파고들지 못하게
물을 부어야 한다
이게 응급처치다

나는 지금 데었을 때 평생 후회하지 않을
임시방편을 말하는 것이니
詩가 아닐 수도 있다 그래도
데었을 때, 사랑에
데었을 때, 믿음에
그 흔한 수돗물이라도
퍼부어라

느리다는 것

오랜만에
시골 시외버스를 탔다
정류장마다 선다

할머니가 탄다
정말 느리다
계단을 오르는데 한참
걸어오는데 한참
의자에 앉는데 한참

할머니가 내린다
정말 느리다
의자에서 일어서는데 한참
계단 내려서는데 한참
내려서서 잠시 차에 몸을 기대고
서 있는데
운전기사 마냥 앞만 보며
– 할머니 무슨 미련 있어 떠나지 못하시나
나는 어떻게 떠나라고

기사양반은 다 안다
느리다는 것은
모두가 함께 가는 방법이다

귀님 언니는 밥

몰래 흙 먹던 12살 까막눈
오로지 밥을 먹으러 우리 집에 오게 된 언니
휘어진 빈 가지 같은 등도 다리도 펴졌는데
논 한 뙈기 친정 몫에 스물에 씨받이 갔다가
아들을 낳았지만 본처도 아들 낳아
맨발로 쫓겨온 언니
다리보다 더 긴 고무장화 껴입고
어느 갈비집 주방에서 40년째 밥만 한다
올해도 적금 찾은 돈 아들이 빼앗아 갔지만
다 내 씨가 나빠서라고 말하는 언니
연락 한 번 없는 아들집에 손자를 보러
버리고 간 손녀 데리고 가 놀다 오는
피붙이들에게 접골된 채 닳고 닳아
어느새 곱사등이 되어 버린 언니
며칠 전 보험 전단지 가져와 사망 시 삼천만 원
아들이 받을 수 있나 알고 싶어 묻는다
칠십 년 동안 사람답게 살고도 모자라
죽은 후에도 기어이 밥이 되고 싶은 언니
언니 보내고 쓰레기통에 구겨 넣었던 전단지
슬그머니 꺼내 펴본다
아궁이 속 부지깽이 같은 언니 있다

함박꽃 25년 만에 지다

텅 빈 마당
산목련 활짝 피었던 날

방 안 여기저기
대소변 널려 있었다고 했다
밥숟갈 입에 넣어 주어야 하는
눈먼 90 넘은 시어머니
쪽마루에 앉아 배고프다 배고프다고 했다
정신지체 장애자인 남편은
문 앞에 서서
그녀를 기다렸다고 했다

함박꽃 나이 때
장애자 재활원 자원 봉사하다가
남편을 만났다고 했던
그녀
농약 마신 날

아들은 군대 갔고
대학생 딸 멀리-
도시에서 산다고 했다
꽃 진 날

꽃 속, 동해 민박집

봄꽃만 보면
왜 그 생각이 나는지 몰라
참 오래된 일인데 경칩 지난 동해 민박집에 갔을 때-
이 창문을 열어도 저 창문을 열어도
온통 바다였어
손을 뻗으면 만져질 듯
아예 날 덮칠 것 같은데도
하나도 하나도 무섭지 않던
출렁이는 봄 물살
마치 바람의 속살인 듯
가득한 흰빛
눈 둘 곳 없어 황급히 방안을 보는데
깨끗하게 개켜진 이부자리에 눈길 닿자
나도 몰래 아득해지며
온몸 소르르 소름 돋았지
어째 허리마저 결렸지
저릿저릿한 어딘가로부터
눈물마저 고였었는데

왜 그랬는지 몰라
아직도 봄꽃 보면 그 속 까마득
출렁이는 동해 민박집

목욕탕에서

어머니와 목욕탕에 갔다
혼자 되시고는 처음이다
온몸 듬성듬성한 어머니
칠순 연세에 그러려니 하며
등에 비누거품 문지르는데
탄력이 죽— 느껴졌다
괜히 가슴이 쿵 내려앉았다
얼른 물로 씻으니
보드랍고 진주 빛 같은 매끈한 등
자신도 볼 수 없는 젊음이 드러난다
신체 중에서 제일 늙지 않는 곳이 등이라 했던가
아무도 볼 수 없게 갇혀버린
생명이 사는 등
가만히 얼굴을 묻었다
아쉽고 떨쳐지지 않는 뭔가에
자꾸 숨이 몰아쉬어 진다
드러낼 수 없는 진주 빛 등에
착하고 부드러운 손길 하나
심어드리고 싶다

잠이 마른 빈방에

유난히 아침잠 많아
아이들 입학하면서부터
도시락에 식사 준비 남편 출근 아이들 보내기까지
절반은 내 정신이 아니었다
누울 자리만 보였다
– 이것만 하고 자는 거야, 자야 해, 잘 거야, 잘래
쉴새 없이 웅얼웅얼 하는 동안
언제 그랬나 싶게 잠은 달아나고
여느 때처럼 집안일 시작
이러기를 30여 년
어느 날부터 저절로 눈이 떠졌다
자정 넘어 잤는데 새벽4시다
처음에는 너무 신기했는데
나이 들어가는 일이다
이제는 새벽부터 일어날 일도 없는데
시집 간 두 딸 방을 열어본다
컴컴한 어둠 속 따라가 본 곳
지난 날 괴롭게 퍼붓던 싱싱했던 아침잠
떠메고 가도 모르게 자고 있다
날 닮은 아이들
벌건 해를 품고

어떤 응원

버려진 목단
이미 시들대로 시들어
살기는 힘들 거라 생각하면서도
화분에 옮겨 집으로 데리고 왔다
봄이 되어 잎이 돋는데
희끗희끗 하다 말라 버린다
어쩔 수 없지 생각하고는
흙 냄새나 실컷 마셔라
아파트 화단에 놔두고 잊고 있었다
오늘 지나다 보았다
하얗게 지워지던 목단 잎들이
처녀애 손바닥만하게
활짝 피어 있다
반가웠다, 완전히 기력을 회복한 것인데
가지고 들어올 수 없었다
(나는 지금 화초들에겐 땅의 기운이 필요하고, 제 살 곳에 두어야 한다는 것을 말하려는 게 아니다 다만)

옆 산수유 모과나무 철쭉이
초록햇살 번쩍이며
환하게 환하게 목단아가씰
바라보고 있었던 것이다

등 뒤를 돌아보는 것은

빛바랜 사진 속
강당 수업 한 학기 마칠 때까지
내 뒷자리에 있었던 것도
농촌 봉사 나갔던 여름 방학
배탈로 혼자 남은 뒷마루에
놓여 있던 찐 감자 하나도
야학 끝내고 돌아가는 늦은 밤길
저만치서 들렸던 늠름한 발자국 소리도
산악반 암벽 오르려 자일 매고 망설일 때
처음 내비친 적 있는 뒷줄 우뚝 선 목례도
언제나 그는 내 뒤에 있었다
같은 과이기는 했어도
한 학기씩 휴학해 있는 듯 없는 듯
휴학 동안 공장에서 왼손을 잃었다는 소문이 있었던가
언제부터 보이지 않았지만
그때도 몰랐었다

훗날, 오래된 사진을 보다가
무심코 뒤를 돌아보게 된 후부터
보이는 것보다 보이지 않는 것 돌아보는
조촐한 마음 하나 열렸으니
우리 뒤는 먼저 왔기에 마주치지 못한
사랑이 머무는 곳일지 모른다

양푼 밥

노숙자 급식소
검은 솥단지마다 쌀밥 그득그득하다
이곳은 뭐든지 고봉이다
고봉도 모자라
어느 키 작은 다리 저는 남자
벌써 다섯 고봉째
저 사람 위가 구멍 나면 어떡해
줄 서 있던 노숙자 냅다 소리지른다
– 저 사람, 솥단지째 먹을 수 있어
빵구 나도 놔둬, 먹게
밥 푸던 나 자꾸 헛주걱질이다
밥 김 내내 매워 눈물 난다
얼른 큰 양푼에 밥 푸니
그러면 모자란다고
줄 서 있던 노숙자가 말한다
김 무럭무럭 나는
밥 한 그릇

집에 와 밥을 먹는데
속 부글거린다
눈물 난다
괜히 어디에라도 마구 해대고 싶다

중요한 사람이니까

–성요셉의원 선우경식 원장님을 생각한다

요셉의원은 빈민병원이다
오갈 데 없는 사람들이 온다
불교, 기독교, 천주교 쪽에서
환자를 보내는데
맨 먼저 환자에게 밥부터 먹인다

원장님
가운 대신 낡고 해진 옷차림으로
환자와 보호자를 유심히 본다
간호사가 이런저런 증상에 대해 말할 때
듣는 건지 건성인지
고개만 끄덕이며
환자와 보호자만
뚫어져라 번갈아 본다

인상적이다
사뭇 경건하기까지 하다
나중에는 하도 궁금해 물었다
선생님은 왜 그렇게
번갈아 보시는지요

환자에겐
가장
중요한 사람이니까

서른 개 장미꽃

신혼 때였다
남편 봉급 받으면
비닐봉지 조각내 서른 개를 만들었다
나누기 좋게 전부 잔돈으로 바꿔
하루에 한 봉지만 썼는데
두 봉지 써 버려
담뱃값 주지 못한 그런 날
퇴근 시간 맞춰 마중 나가던 연희동길
만발한 넝쿨 장미 몰래 꺾어
남편에게 건네주었으니
아무도 모르리 그때
볼우물에 깊게 고이던 사내의 미소
꽃이 다 질 때까지 우리는,
이러다 동네 장미꽃 남아나지 않겠네-
웃으며 연희동 길 오르내렸으니
쪼들려도 그 향기
시들지 않던 신혼 방
추억은 늙지도 않아
이제도 넝쿨 장미 필 때면
붉은 꽃송이같이 매달고 싶은
서른 개 비닐봉지

제2부

삶을 사랑하라
아모르파티

한 달치 부자

남편 월급날
맨 먼저 쌀 연탄 들인다
밀가루 설탕 비누 치약
딱 한 달치다
이제부터 눈비 내려도 폭풍우 쳐도
아무 걱정 없다

다 들여놓고 바라보면
저절로 어릴 때 동요 흥얼흥얼해진다
– 토끼야 토끼야 산 속의 토끼야
겨울이 되면은 무얼 먹고 사느냐……
엄마가 아빠가 여름 동안 모아놓은
맛있는 먹이가 얼마든지 있단다 –

한 달치 통째 눈에 넣고
한 달치 부자가 되었다
세상 것에는 반만 눈 뜬 채
한 달 한 달

인간의 예의라는 것에 대해

신혼 초였다
밖에서 함께 저녁을 먹기로 했다
음식을 주문하고 기다리는데
주방 쪽에서 펑- 하는 소리가 났다
동시에 테이블마다 가스레인지가 폭발하고
순식간에 실내는 연기와 가스 냄새로 가득 차 버렸다
출입구는 넘어지고 깔려 뒤엉킨 사람들로 아수라장
이었는데
그는 언제 나갔는지
식당문 밖에서 나를 향해
다급하게 손짓을 하고 있었다

저녁을 못 먹고 대신 생맥주 한 잔씩 마셨다
마시는 내내 그는 말이 없었다
그 후부터 그는 얘기할 때 저쪽을 보았다
날이 지나도 무안해 하는 모습이 안쓰러워 말했다
그날 일은 본능이라고
미안해 할 일이 아니라고

시간이 꽤 지난 뒤 어느 모임에서였다
모두 아내 소개를 그럴 듯 하게 했고
그의 차례가 되자
－제가 어렵게 모시고 사는 사람입니다－라고 했다
여전히 저쪽을 보며
나에게 오고 있다

흰빛, 여름 한낮

뜰 안에 감꽃 떨어지고
장마들기 전
마당에 참새 떼 몇 차례 왔다 가는
기우뚱한 한낮이면

시어머니와 평상에 앉아
풀 먹인 홑이불 마주 잡고 있었다
당길 때마다 나는 엎어졌고
어머니는 얼른 붙잡으며
그냥 웃으셨다

개켰다 밟은 다음
시어머니 대접물 한 번 들이키고 푸-
홑이불에, 내 얼굴에 내뿜는다
- 새아가, 얼굴 돌려야제
이번에는 내가 개켜 밟는 동안
시어머니는 그새 잠드시고

빨랫줄에 하나 둘 널 때면
– 걔는 말이다, 어려서 빨래만 널면
그 속에 들어가 얼굴만 가리고
저 찾으라고 소리쳤어야
어머니 말씀도 희고 깨끗하였으니

너무 말라도 안 되고
너무 축축해도 안 되는
인조견 홑이불 풀 먹여 말리는 날이면
마당은 밥풀냄새 하루 종일 흰빛 천지
내 마음까지도 희어지던
여름 한낮

땅

十月 유신이 살포되자
그는 회사에 사표를 냈습니다
선배가 하는 인천공단 수출공장
먼저 회사보다 봉급이 4배인 회사사택에
일곱 번째 이삿짐을 풀었습니다

사람보다 많은 굴뚝
그 곳 바람은 온통 매연이었습니다
빨래마다 들러붙는 그을음이나
하루가 멀게 받아야 하는 벌건 수돗물
이미 아이들 자장가가 돼버린 트럭, 포크레인 소리
아이 셋을 업고 지고
창살 없는 창문을 열었다 닫았다

다 괜찮았습니다
알뜰한 사랑처럼 매달 튀밥처럼 불어나던 통장
서해안 농토 5필지에 말뚝을 박았기 때문인데

점점 돈벌이 노예가 되어가던 그가
주식투자로 산더미 같은 빚을 지었습니다
5필지 말뚝도 뽑혀나갔습니다
이틀 후, 서해안 개발 정부 발표로
그 땅 값은 열 배나 뛰었습니다

그 후로도 서너 번 더 이사했고
삼십 년을 더 일했지만
괜찮습니다 괜찮습니다
아이들 쑥쑥 자라 시집 다 보냈고
오늘 그 몸뚱이 장기마저 다 기증했으니
돌아갈 땅 없어도 괜찮습니다
十月 유신 때 자기 양심 지킨다고 회사 때려치운 그도
살 날 만큼 괜찮습니다

나의 천일야화

아이들 셋인데
남편이 덜컥 사표를 냈다
그날부터 무협지와 만화를 쌓아놓고
하루 종일 보다 자다 한다
말도 없다
뭐라도 물으면 고개만 끄덕일 뿐
잠시 아이들과 놀이터에 가는 게 전부
시간이 갈수록 초조했다
어떻게 하면 저 터널을 빠져 나올 수 있게 할까
그때 문득 생각난 게 천일야화
미용실이나 반상회 월간지에서
유머나 야한 이야기를 닥치는 대로 모아
끼니때마다 하나씩 들려주었다
내가 얘기하다 내가 웃는 이야기인데도
남편은 웃지 않았다
무협지에게 하는 건지
내 얘기에 하는 건지 고개만 끄덕였다

다행히 천일까지 가지 않고 200일 야화로
남편에게 시답잖게 끝났는데
세 아이 다 키워 내보낸 요즘도
가끔 그때, 남편의 웃을 수 없던 세상이
궁금하다

사람 하나 본다는 것

사람 하나 보면 되지 하시면서
이번에도 퇴짜를 놓았다
갈수록 어머니가 맞선을 보는 것 같았다

어머니를 향하여
가시처럼 대들고 결혼했다
사람 하나 보고

이후 내 생활의 잣대는
자에도 모자랄 적이 있고
치에도 넉넉할 적이 있다는 속담이다*

사람 하나 본다는 것
다른 뭣도 아닌 내 인생이었구나 싶을 때
그제서야 내 어머니
느릿느릿 떠나신다

---

*경우에 따라 많아도 모자랄 때가 있고 적어도 남을 때가 있음을 비유적으로 이르는 속담.

세상에서 가장 더디게 이해되는 말

산후 우울증으로 입원을 하였다
친정 아버지께서 오셨다
주사기로 부은 손등
말없이 쓰다듬으며
노을지는 창밖만 바라보셨다

–잠시 나가 있게–
남편이 자리를 비우고도
그렇게 계셨다

세상에서 제일 좋은 게 뭔 줄 아니?
어머니로 사는 것이다
옮겨 심은 어머니라는 자리……
혼자 말씀하시고 혼자 대답하시며
말끝을 흐리셨다

노을이 노을 속으로 잠겨
삼십 년 전처럼 점점 어두워지고 있는 중인데
세상에서 가장 더디게 오는 이해가
어머니가 되는 것이다

사랑은 빈집처럼

당신이 미워지기 시작하자
휘파람 소리도 쉰 소리로 들리네요
맛있다 밥 먹는 소리는 돌 씹는 소리 같아요
당신이 해주는 설거지, 분리수거, 냉장고 문에 붙인
냉동실 비우고 시장 가기
하나 같이 쫀쫀하기만 해요
남들 잘도 가는 것 같은 출장 단 한 번 없이
어김없는 퇴근길 주차장에 시커멓게 서 있는 당신 차
볼 때마다 주술(呪術)이라도 걸어 한 사나흘 사라져
버리게 한다면

설거지, 분리수거, 퇴근 잘하지 말고
돈 버는 일 더 잘하지
머리 속에 다 적혀 있는 가계부
화초마다 물을 주듯 넘치지도 모자라지도 않으려
머리에 쥐가 나는 때
당신이 박박 설거지 하자
볶다, 끓이다, 굽다, 졸아붙은 그 반찬이 그 반찬인

당신과의 연분 야금야금 수챗구멍으로
흘려보내는 소리로 들렸는데
너무 많이 흘려보냈는가요, 어느 날

당신 등산 다녀온다고 현관문 닫는 소리
철컥 하고 유난히 외롭게 들렸던 날
내가 텅 빈 집으로 기다렸나 봐요
산에서 돌아온 당신이 그냥 귀엽고 반가워
가득 안아 발을 씻어주고 크림도 발라주었는데
뭔가 다시 느껴지기 시작하더라고요
땀에 절은 등산복의 큼큼한 냄새도
안방 거기쯤 은밀한 사랑냄새 같기도 하고
빈집 되니 당신
귀하고 귀여워요

송지호 해수욕장

촌스럽게 시를 쓴다
평생 잊을 수 없는 해수욕장이 있다
가난하던 시절, 아이가 들어와
해수욕장 가자고 막무가내다
친구들 이름을 대며 어디로 여름휴가 갔는지
손가락 꼽아가며 말했다
내가 할머니네 집에 가서 물놀이한 곳이
해수욕장이라고 하자
거기는 '강' 이라고 소리치며
방으로 들어가 엉엉 울었다
안 되겠다 싶어 장롱 깊숙이 넣어두었던
패물을 꺼내 봤다
아이 돌 때 받은 반지를 팔아
동해 저기 끄트머리 송지호 해수욕장에 갔다
먹을 것도 다 준비해 주렁주렁 들고 갔다
가자마자 땀 뻘뻘 흘리며 감자를 삶았다
아이들에게 주려고 해수욕장에 가니
아이들이 물 속에서 나오지를 않는다

아침부터 깜깜해질 때까지 물 속에서 놀았다
아예 잠도 모래사장에서 자자고 했다
4박 5일 그 여름휴가, 아이들이 새까맣게 변해버렸다
집으로 돌아오자 아이들이 온 동네 돌아다니며
"나 해수욕장에 갔다"고 자랑하고 다녔다
아직도 송-지-호-해-수-욕-장
감자 삶던 내 모습 생각난다

나는 웃기만 했다

결혼을 하려는 딸이 물었다
경제적인 어려움을 사랑으로 극복할 수 있느냐고
엄마는 그랬냐고

너를 임신한 초겨울이었다
동네 가게 앞 찜통에서
유난스런 호빵 냄새
그거 하나 사 먹을 수 없어
늘 그 앞을 돌아나갔었다
배고프면 더 춥고 더 덥다
조금씩 모자라다
끝없이 윽박지르듯 죄어들던 허기
닫아도 맞물리지 않던 부엌문으로
매서운 찬바람처럼 빠져나가
오갈 데 없던 생각

하지만 나는 웃기만 했다
그래도 너는
새순 돋는 나뭇가지에 눈길 줄줄 알며
세상을 이해하고 살았으면
이것이 나의 욕심이어서

이불 사치

결혼식 며칠 앞두고
아버지께서 말씀하셨다
살면서
부엌 냄새 안방에 들이지 마라
이부자리는 늘 포근해야 한다
이불깃은 깨끗해야 한다
사철 내내 새 이불인 것처럼 해라
하나같이 이불 타령이셨다
이불이 그렇게 중요한 건가
마치 결혼 생활은 이불이다 정의 내리는 것 같았다
결혼하고 아버지 말씀 알게 모르게
꽤 신경이 쓰였는데
그래도 모르겠다
이부자리는 늘 포근한지
남편에게 한 번도 묻지 못했으므로
하지만 두 딸 결혼 때
외할아버지 말씀이다 일러주고
이불 살림 각별히 챙겨 주었다
이불 속에서 함께 30여 년 늙은 지금도
모르겠다며, 그 이불의 뜻을

수목원에서

직장 옮긴 남편
하숙생 되더니 일요일도 출근이다
월급은 많아졌는데
도무지 사는 것 같지 않다

며칠 후면 남편 생일
회사로 편지를 보냈다
가을 수목원길 함께 걷는 게
나의 생일선물이라고

점심시간이나마
나와줘서 고맙다고 하니
오늘 이벤트 가장 마음에 드는 생일선물이라 한다
단풍 진 숲길 어깨 나란히 하니
금방 결혼 전 연인이 된다
말 없어도 천 리라도 거뜬히 가겠다

커피 마시던 남편 혼잣말
– 가을이 온 거야 가는 거야
나는 안쓰러운 마음에
아이들 준비한 선물 내미니
활짝 웃는다

짧은 순간이었지만
거기에 40년 훌쩍 넘은 지금처럼 늙은
우리도 함께 있었던 것 같다

원앙상 상품

부부동반 모임
부부 노래 자랑 원앙상 상품에
그만 가슴이 마구 뛰었다
백화점 들릴 때면
그렇게 구경만 하던 그릇세트다
갖가지 색의 야생화, 새, 나비 무늬 가득한
적금이라도 부어 사기에는
내겐 너무 고가였다
그래, 바라볼 때마다 상상만 했다
식탁에 요리조리 장식해 보던
아- 그 그릇

우리 부부 노래 차례
원앙상에 앙코르까지 받았다
돌아와 남편은 아끼지 말고 당신 쓰라고
상품 박스 푸는데 말렸다
잘 두었다 큰 아이 결혼 때 주었다
원앙처럼 살라면서

왜 그토록 갖고 싶어했으면서도
쓰지 않고 두었다가 딸에게 주었는지
이제야 알 것 같다

나를 본 날

늘 듣던
언제부터 좋아하게 되었는지도 모르는
음악을 듣다가
천천히 걸어가
손가락을 들어 버튼을
탁!
꺼버린 날이 있었다

정적!
가장 확실한 소리의 뒷면은
어두운 입자라는 듯
호두파이도 뭉게구름도 능선도 6월 노을도 파도도
4월 나뭇잎도 코스모스 돌담길 계동 배렴 가옥 미술관
위스키 마음이 끌리던 사람 눈화장 가방 그린색 원피스
현금자동인출기 소리 커피잔도
꺼지듯 사라지고

텅 빈 어둠 속에
심장 하나
투닥투닥 뛰고 있었다

제3부

삶을 사랑하라
아모르파티

손녀손자가 오면

두 돌 된 손녀
두 돌 두 달 남은 손자
잘 먹고
잘 놀고
잘 잔다
지난번에는 혼자 겨우 섰는데
오늘은 걷는다
지난번에는 할머니 하면 손으로 가리키기만 했는데
오늘은 함니– 한다
제 이름 불러주니 양손 볼에 대고 네– 한다
올 때마다 한 가지씩 요술을 부린다
이럴 때 온몸 성큼해지며
집안 반짝 빛이 난다
세상 어디에 있다 내게 온 것일까
한창 다시 사는 것이다
웃을 일만 생긴다

지금도 달리기를 하고 있을까

나도 달리기를 잘 했지만
정자는 학교 선수
운동회가 되면 우리는 정자만 믿었는데
이등 밖에 못했다

가을 운동회에는 정자가 4번 주자를 하기로 했다
일등을 하면 반 모두가 필통을 받기로 되어 있던 그 날
정자는 바통을 받자마자
까꾸로 달리기 시작했다
우리 반 애들은 정자를 따라가며
목이 터지도록 불렀지만
계속 달렸다

그 다음날 다음날도 정자는 학교에 오지 않았다
아이들과 집을 찾아갔을 때
콩밭에서 김을 매고 계시던 어머니는
욕을 해대며 뒷산에 가보라 했다
정자는 뒷산 밑에서 집까지 달리기를 하고 있었다
온통 땀인지 눈물인지 모를 얼굴을 하고

아무도 볼 수 없게 얼굴을 하늘로 쳐들고
눈물범벅으로 까꾸로 달리던 정자는 지금쯤
어디를 달리고 있을까
50년 더 지난
갈볕 쟁쟁한 이 가을날

이명(耳鳴)

오십 년도 넘은 아이 때였다. 아버지가 서울 다녀오시며 은빛 별 박힌 연필과 햇빛에 비추면 무지개 빛깔을 내던 지우개를 사 오셨다. 나는 아끼느라 깎지도 지우지도 못하고 필통에 담아 가지고만 다녔다. 반 동무들이 한 번만 만져보자며 만지작거리며 부러워하면 결국 아이들에게 하나씩 나눠 주었다. 좋아서 펄쩍 뛰던 친구들을 뒤로 하고 집에 와서는 방문을 잠그곤 엉엉 울었다. 울음소리가 새어나가 엄마가 들으실까봐 이불을 덮고 울었다. 내 귀에만 커다랗게 들리던 울음–

육십이 되어서야 그 울음이 나에게 유구한 전통이 되었음을 알았다. 공부, 사랑, 결혼, 하다못해 시 쓰는 일까지도 나는 누구엔가 다 내주었다. 요즘 들어 혼자 있을 때 희미하게 아이의 울음이 들리는 듯 하면 안다. 소중한 무엇이 나를 떠나고 있음을.

하지만 달라진 것은 이제 눈을 감고 햇살에 퍼지던 무지개를 떠올리며 소중한 것 하나를 내가 이 세상 속에 숨겨둔다고 생각한다.

耳鳴의 그 아이를 위해
무지개로

칠성이의 말

학교 가는 날보다 풀 베는 날이 더 많던
칠성이는 마부집 막내아들이다
숙제를 못하는 칠성이가 안쓰러워
풀 베는 동안 숙제를 대신해 주면
풀시계 손목에 묶어주며 가만히 웃기도 하는 그런 날
집에 돌아와 열어본 도시락 통 속은
칠성이의 토끼풀로 가득하다
제삿날이면 고기산적 감췄다가
칠성이네 대추나무 밑으로 가져다 주면
개미 잡는 척 하다 먹고
내가 쳐다보면 하늘 보던 아이
중학교 들어가던 해
칠성이는 중학교에 가지 못했다
학교 근처로 이사 가는 날 아침
쇠죽을 끓이고 있던 칠성이 언뜻 내게서 얼굴을 돌렸다
그날 해 질 녘 이사한 집 전봇대 뒤에
힐끗 그림자가 비쳤던 것이 칠성이었던 것 같은
대문 안에 넣고 간
풀물 들인 광목 손수건 한 장
아무 말 없이 가득 찬 말이었다

기억은 우물 같아서

고향 초등학교 친구들과 점심 먹은 후
찻집을 들어서는데 문 옆에 돌확이 놓여 있었다
한 친구가 나를 보며
옛날 북동 집 마당에 있던 것과 똑같다며
–니네 어머니 저기에다 보리쌀 갈은 물에
열무김치 버무려 주셔서 밥 비벼 먹었잖냐
지금도 여름이면 그 열무김치 생각난다니까–
나는 기억조차 없는데
또 한 친구 말을 받더니
–야, 뒷마당 장독대는 어떻고, 우리들 아지트였는데
숨바꼭질하다 수도 없이 항아리 깼지
사과궤짝 엎어놓고 벽돌가루 빻아 풀 뜯어 반찬하고,
흙을 밥이다 하고, 사금파리에 얹어 그 밥상 받던
상철이랑, 수영아, 창수야
사금파리로 우리들 엄지손가락 찌르고 부비라고 한 게 아마 상철이었지?
다음 말은 내가 받았다

우물가에 동그랗게 서서
우물물에 어질어질 비치던 얼굴들 바라보던 일 안 잊힌다고
(그 우물에 대고 작은 목소리로
좋아하는 아이 이름 불렀던 것은 아무도 모른다)

흩어졌다 모였다 다시 깨지며
어디 멀리도 가지 못하는 우물 속 얼굴들
50년 전도 참 가까울 때가 있다, 그냥

소풍 가방

소풍 가는 날 우리 반 반장 책가방 메고 온다
소풍 간다고 하면 집일하라고 못 가게 한다고

부반장 소풍 가방 두 개 메고 온다
반장 책가방 학교 화단 속 숨겨 놓고
소풍 가방 하나 반장에게 준다

반장은 늘 부반장 차지다
화단 속 반장 책가방이 불쌍했다

봄소식

차를 타고 가는데
초등학교 교문
학교 이름이 번쩍번쩍 한다

30년 사이에 싹 바뀐 서울에서
(아니 우리나라에서)
정말 변하지 않는 것 중 하나가
초등학교 교문에 박힌
동판 학교 이름이다
겨우내 눈에 띄지도 않다가 개학 때면 소사 아저씨가
느릿 느릿 제일 먼저 닦아 놓았을

그걸 보면 생각이 많아지다가 갑자기
화사하게 아득해지는데
문자가 왔다
다음 주 월요일
11시 반 한티역
손자 학교 보내고
꼭 참석
- 초등 동창

나도 예순이니

구십이 내일모레인 시어머님
아버님 제사상을 차리는데
생선찜 위에
기어이 고명으로 지단을 또 얹으셨다
탕은 다섯 가지다
(책에 세 가지라고 했다)
나물이 물렀다
(괜찮은데-)
뭐든 수북하게 올려라
(촌스럽고 낭비다-)
한 번도 그냥 지나치지 못하는 똑같은 말씀
한 번도 내뱉지 못한 말

40년을 그러려니 했는데
툭 나왔다
-어머님, 여기 제 집이니 이젠 봐주세요
아주 잠깐 아주 깊은 적막이 흐른 뒤
오냐, 별말 안 했다 하시며
마루로 종종걸음치며 가신다

뒷모습 참 작아지셨다
그래도 어머닌 내년에 다시 그럴 것이다
변하지 않는 것들에 결코 설명되지 않는
영혼이 있다는 것을 아는
나도 육십이니

물려줄 살림

시어머님은
늘 늦은 오후
혼자 시장에 가셨다
아랫동서 말이 물건 떨이하러 가신다고 했다
허둥지둥 돌아오신 장바구니에
시든 야채다발 물러진 생선 꾸러미
파 한 뿌리 안 벗기며
누런 채소 이파리 하나 버리지 않고
차례음식 만들곤 하셨다

남편은 종종
슈퍼마켓에 들러 물건을 사 온다
치약 한 묶음에 붙어 있는 칫솔 한 개
두부 두 모에 유리 그릇
두루마리 화장지에 딸린 키친타올 한 롤
살림에는 눈이 보배라며
어머니에게 들은 바 그대로
내게 말하곤 한다

옹색하다 싶다가도
집안을 둘러보면
그 아비에 그 딸을 기른
세상에서 가장 정당한 살림만
단촐하다

외할머니 감

어렸을 때 외할머니는 나를 데리고
감을 팔러 읍내 시장에 가셨다
떠나기 전 잘 익은 감 한 접씩
나는 신나서 세고 또 세었다
맞는데도 할머니는 몇 개씩 더 가져 가셨다
소매상에서 감을 세는 동안
할머니는 내 먹을 것만 사러 다니셨다
내가 센 것이 맞나 지켜보는데
가게 주인은 다섯 개씩 세다 여섯 개 쥐고 다섯이라고 했다
그럴 때마다 할머니는 말없이 채워주셨다
할머니가 속고 있었다
속상하실까 봐 말도 못하고 쳐다보면
웃으시며 내 머리만 쓰다듬었다

어느덧 나도 외할머니 나이
요즘은 가끔씩 몇 개씩 더 가져가던
외할머니 감이 떠올라 슬몃 웃는다
아– 감꽃 향기였다

아이도 없는 부부싸움

처음은 의논으로 시작했다
점점 당신대로 나대로 말하다
결론은 집안일과 상관도 없는 일로
서로 화를 내고 끝났다

이번만은 할 수 없다 싸워야지
혼자 침묵 일주일짼데
나이 육십이 돼도 당신 참 정확하다
젊었을 때 방식 그대로
주변만 왔다 갔다 할 뿐
덩달아 침묵 일주일째

아이들 있었을 때는 아이들이 중재자였다
단단히 마음먹은 것과 달리
아이들 기다려지기도 하고
왠지 덤덤한데

내가 당신을 봐주고 있는지
당신이 나를 봐주고 있는지
어느 날 저절로 풀어지는 아이도 없는 이 싸움
이제는 의논도 다툼도
장난삼아 해도 될 것 같다

조용한 식탁

저녁밥 먹고 온다는 남편 전화다
만든 반찬 냉장고에 넣고
오이지 꺼내 티브이 앞에 앉아 밥을 먹는다

문득 식탁을 본다
– 애들아, 밥 먹자
– 와, 닭도리탕이다
재잘거리며 식탁을 들었다 놓았다
무섭게 밥통 비워지고
아이들이 컸다
왜 그랬는지 앉는 자리도 저절로 정해졌고
한 명 빠지면 이상했는데
지금 생각해 보니 내가 식탁이었다
꽉 차야 든든하고
떠들썩해야 기분이 좋아지던
5인용 식탁
고마워하며 먹으라고

입버릇처럼 하던 말도
지금은 빈 의자 다섯 개와 발을 모으고
조용하다

아마 지금, 아이들이 저희 식구끼리
식사 전 기도 중인가 보다

나 돌아가는 길은

아카시아 가득 핀 날
나는 한 노래를 끝까지 부르며 갈 것이니

아득하다 50년 전
합창단원모집 현수막 보고
혼자 찾아간 방송국
번호표 달고 양손 가슴에 모았었나
두 주먹 꼭 쥐고, 아니 땀방울까지 쥐었을런지도
요즘 말로는 오디션이겠지
– 송알 송알 싸리잎에 은 구슬 –
한 소절만 부르는 시험
잘 했는지 어땠는지
아무것도 기억에 없이
아카시아 눈처럼 날리는 사직공원에서
발표를 기다리며 조렸던 마음
합격증 품에 안고
이 세상을 다 가진 아이처럼

송알 송알 싸리잎에 은 구슬- 부르며
집으로 내달렸던
아카시아 가득 핀 날

한 노래만 끝까지 부르며 가서
엄-마-, 나 왔어 하고 불렀으면 좋겠다

아무것도 아니라면 아닌 일로

남편 머리 염색이
다 되었다, 아직 남았다를 가지고
각자 우겼다
60줄에 들어서도 달라지는 게 없다

책상 위 사진
약간 장발, 담배를 삐딱하게 물고
막내는 무등을 태우고
양손에 두 아이 손잡고 씩-웃고 있는 40대 초반의 남자
어디였더라 들여다 보는데

현관문 소리에 돌아보니
염색한 말끔한 머리
그 남자 옆으로 오더니
자기 머리숱이 이렇게 많았냐며 거든다

달라진 게 없을 리야 없겠지만
아무것도 아닌 일이 되어 돌아오는 만큼
살았다 우리는
해 뜨고, 바람 불고

작품해설

지혜의 女神 – 되기

오철수 시인 · 문학평론가

삶을 사랑하라
아모르파티

지혜의 女神-되기

1. 생명을 살리는 여신을 느낀다
2. 생명 살림의 어리석은 신비에 대해
3. 생명 살림의 몸이 열리던 기억과 그 몸에 대한 존중
4. 일상은 생명의 전당(殿堂), 여신들의 거처다
5. 생명세상을 위한 여신의 지혜를 찾아서
   1) 나눔, 우선 밥부터 나눠라
   2) 욕심을 비우는 삶
   3) 느림, 생명의 관계를 보살피는 속도
   4) 조금 밑지는 듯 살라, 향기가 넘치리라
6. 누구도 모르는 어머니의 세계를 지나

지혜의 女神 – 되기

오철수 | 시인 · 문학평론가

1. 생명을 살리는 여신을 느낀다

한 여자가 육십이 됐다. 그 의미가 뭘까?

알 수 없는 생의 법을 따라 육십 년 전 이 세상에 태어나 어린 시절을 거쳐(「지금도 달리기를 하고 있을까」,「기억은 우물 같아서」), 또 그렇게 이 세상에 온 한 사내와 그것도 부모님 이겨먹고 짝을 맺어(「사람 하나 본다는 것」), 고생 고생(「송지호 해수욕장」), 지지고 볶고 그것을 사랑이라고 생각하고(「서른 개 장미꽃」,「사랑은 빈집처럼」), 아이들 다 길러 출가시키고(「잠이 마른 빈방에」,「나는 웃기만 했다」), 이제 텅 빈 집에 앉아 「이명(耳鳴)」을 들으며 돌아보는 세월, 그 세월의 끝인 지금, 육십에 이른 그녀는 어떤 존재일까? 김선우 시인의 표현대로라면 완경(完經)[1]을 이룬 그녀는 도대체 무슨 존재인가? 나는 그 존재 앞에 감히 살림 지혜를 이룬 女神이라는 이름을 붙이고 싶다. 이유는, 그녀의 전 생애가 하늘이 바라는 바의 '살림'에 다 바쳐졌고 무사히 살림을 이루었다면 그녀야말로 생명 살림의 법 그 자체이기 때문이다[2]. 생의 끝에서 잘나고 못남의 기준은 부귀영화일 수 없다. 기준은 오직 하나, 생명

---

1) 여성의 생리가 끝나는 것을 보통은 폐경이라 부른다. 하지만 이 말이 적당한 것일까? 김선우 시인은 여성의 생리가 끝나는 것을 수련이 지는 모습에 비유하여 다른 의미로 읽으려고 한다. "수련 열리다/ 닫히다/ 열리다/ 닫히다/ 닷새를 진분홍 꽃잎 열고 닫은 후/ 초록 연잎 위에 아주 누워 일어나지 않는다/ 선정에 든 와불 같다// 수련의 하루를 당신의 십 년이라고 할까/ 엄마는 쉰 살부터 더는 꽃이 비치지 않았다 했다". 선정에 든 와불이라면 '이룬 것' 이지 '폐(廢)' 한 것은 아니다. 그래서 이룸으로 하여 남게 된 몸에 "피고 지던 팽팽한/ 적의(赤衣)의 화두마저 걸어버린/ 당신의 중심에 고인 허공"이 있다고 말한다. 우주적 생리를 몸에 들여본 적 없는 나로서는 그 허공의 아픔을 알 길이 없지만, 분명한 것은 그것이 파국이 아니라 변신(變身)의 계기라는 점이다. 시인도 이 점을 적극적으로 강조하듯이 "나는 꽃을 거둔 수련에게 속삭인다/ 폐경이라니, 엄마,/ 완경이야, 완경!" 이라고 말한다(김선우 시「완경」에서 인용). 여기서 완경(完經)의 의미는 여자의 몸 속에 깊숙이 들어와 있던 우주적 생리가 '생명 살림의 어머니' 역할을 끝낸다는 의미고, 그것이 죽음으로 귀착되는 것이 아니라 이어지는 또 다른 삶으로 열린다는 의미이다. 아이를 낳고 기르는 강한 본능의 생명 살림의 여자에서 '살림'의 지혜의 여신으로의 변화!

2) 완경을 이룬 그녀를 생명 살림의 법 그 자체라고 부르는 까닭에는

살림의 법을 잘 수행했느냐 아니냐에 의해 결정된다. 그렇다면 이제 그녀를 본능적이라 불릴 만한 살림의 어머니에서 살림의 지혜를 총괄하는 '지혜의 여신' 으로 넘어선 존재라고 불러도 좋으리라.

그런 예감이 스치는 시 한 편을 보자.

나이 예순에
다시 시를 쓰게 되어
참 다행이다
이제 써서 어느 세월에, 하다가

다음 이유도 적극 포함된다. 〈 '살리다' 는 그냥 살고 있는 것이 아니라 살아 있음과 독특한 관계를 맺고 있는 것이다. 살아 있음의 상태를 바람직한 가치로서 인정하고 받아들여 살아 있는 존재가 그 살아 있음을 유지하고 보존할 수 있도록 배려하고 보살피는 것을 의미한다. … 이렇듯 살아 있음을 소중한 가치로서 대하는 생활방식은 그것을 '생명(生命)' 이라고 명명하며, 살아 있도록 보살펴야 하는 사명을 보고, 아무리 미물이라도 살아 있는 것은 모두 천명을 받고 거기에 있는 것으로 여기도록 하였다. 우리말 '생명' 은 서양말 'vita, life, vie, Leben' 등에서 표현되고 있는 단순한 '삶' 이 아니다. 생명이란 낱말은 생물, 유기체, 목숨 등과 같은 비슷한 단어들로는 감지될 수 없는 성스러움의 분위기를 품고 있다. 그것은 한마디로 살아 있음에서 그 살아 있음을 유지하고, 보존해야 함을 말없이 전달하는 하늘의 뜻을 알아보고 있는 것이다. 따라서 '살림' 이란 살아 있는 모든 것을 죽지 않고 살아 있도록 보살피고 보존해야 하는 인간의 생명론적 구실을 함축하고 있다.〉 -이기상『우리말 철학』(지식산업사) 103-4쪽. 생명 살림의 어머니를 이 정도의 의미로 되새기면 완경을 이룬 그들을 '살림의 지혜의 여신' 이라고 불러도 손색없을 것이다.

그 생각 그냥 흘려버린다
때맞춰 잠도 줄고
아이들 결혼해서
빈 방도 하나 생기고
내 시간 많아졌으니
참 좋지 않은가
젊어서 했다면
그 많은 집안일 마음씀에
시도 편치 않아 허둥거렸을 것
차라리 지금, 마음도 귀도 순해져
세상 속마음 들을 수 있는 나이
다시 시를 쓰게 되어 정말 기쁘다
후회와 아쉬움 없을 리 없지만
기억도, 남은 생도
시가 되고 싶어 내게 와 주니
얼마나 고마운가 참 고맙다
시 한 편 쓰고서
엄마 젖 배불리 먹고 잠든 아기처럼
세상 모르게 잘 수 있어

–「나이 예순 꽉 찬 날」 전문

그녀는 스스로의 나이 육십을 어떻게 생각하는가? "차라리 지금, 마음도 귀도 순해져/ 세상 속마음 들을 수 있는 나이"라고 생각한다. 여기서 "세상의 속마음을 들을 수 있는"이란 내 마음이 세상의 이치와 같아져 자연스럽게 따르게 된다는 뜻일 것이다(이것이 바로 육십을 이르는 '이순耳順'의 의미일 것이다). 그래서 세상의 속마음을 들을 수 있는 것이다. 그럼 이전까지는 어떠했는가? 그녀의 온 신경은 '생명 살림'에 가 있었다. "마음도 귀도" 살림으로 다 가 있으니 생각인들 편하겠는가. 엄청난 생의 에너지를 거기에 쏟아부어야 하는 상황이었다. 그래서 그녀도 "젊어서 했다면/ 그 많은 집안일 마음씀에/ 시도 편치 않아 허둥거렸을 것"이라고 말한다. 이렇게 그녀는 살림의 어머니에서 지혜의 여신으로 넘어가고 있음을 예감한다. 그런데, 그렇다면 지혜의 여신은 어떤 내용으로 존재하는 것일까? 이를 알기 위해서는 이 시에 제시된 "시 한 편 쓰고서/ 엄마 젖 배불리 먹고 잠든 아기처럼/ 세상 모르게 잘 수" 있는 상태라는 상징물을 돌아봐야 한다. 도가(道家)에서의 자연함의 상태나 불가(佛家)에서 평상심(平常心)의 상태를 종종 '배고프면 밥 먹고 졸리면 잠자는 상태'로 비유하곤 한다. 그 상징물은 자연함의 상태, 스스로 그러함의 상태(스스로 '自', 그러할 '然'), 불가 식으로 말하면 밥 먹었으면 설거지하라는 평상심(平常心)의 상태이다. 노자 〈도덕경〉 25장 마지막 구절에 "도법자연(道法自然)"이라는 말이 나온다. '도는 스스로 그러함을 따른다'는 말인데, 엄마 젖 배불리 먹고 잠든 아기의 상태가 바로 그 도의 상징물과 같은 것이다. 그처럼 그녀는 스스로 아기처럼 될 수 있는 그런 지혜의 시를 쓸 수 있는 상태의 나이로 여자 나이 육십을 말한다.

그래서 나는 그녀를 살림의 어머니에서 지혜의 여신으로 넘어선 존재라고 말한다.

그럼 정말 지혜의 여신이라고 부를 만한 격을 가지고 있는지 시 한 편을 읽어보자.

화상을 입었을 땐
일단 수돗물이라도 뿌려라 계속
구급차가 올 때까지
가는 동안도
물을 뿌려라
얼음물이면 더 좋겠지만
수돗물이라도 계속 부어라
화기가 살 속을 파고들지 못하게
물을 부어야 한다
이게 응급처치다

나는 지금 데었을 때 평생 후회하지 않을
임시방편을 말하는 것이니
詩가 아닐 수도 있다 그래도
데었을 때, 사랑에
데었을 때, 믿음에
그 흔한 수돗물이라도
퍼부어라

-「데었을 때는」 전문

급박하게 말한다. 데었을 때는 물을 부으라고, 그것도 이 짧은 시에 다섯 번이나 반복하여 말한다. 위급(危急)함이 느껴진다. 아주 짧은 시간이지만 그때 처치를 잘못하면 평생 후회로 남는다는 것을 알기에 급한 것이다. 급하게 작동해야 한다고 가르치는 지혜다. 그래서 그녀는 이것이 시가 아니어도 좋다고 생각한다. 살려고 온 세상에서, 그리고 생명을 잉태했던 살림과 돌봄의 어머니로서 삶보다 더 중요한 것은 없으므로, 살림의 지혜를 말하는 것이다. 그것이 바로 그녀만의 삶의 꼴(모양)과 깔(색깔)로 스스로 모양을 갖춘다. 그것이 바로 지혜의 여신의 시 내용이고 형식이다. '살림'을 해(害)하는 것에 맞서 지혜는 기록되고 발현된다. 모든 것에 데었을 때는 화기가 살 속으로, 뼛속으로, 정신 속으로 스며들지 않게 응급처치를 하라고, "그 흔한 수돗물이라도/ 퍼부어라"라고! 그래서 이 시를 읽노라면, 지혜의 여신의 제1원리는 생명 살림의 지혜라는 생각이 든다. 그럴 만도 한 게 그녀의 한평생이 생명을 낳고 기르고 살리는 것이다. 그러니 생명 살림이 그녀의 제1원리일 수밖에 없지 않은가.

그래서 두 번째 특징이 나오는데, 시의 소재가 생명 가까이에서 벌어지는 삶의 일들에 밀착된다는 것이다. 실제로 위의 시의 서정 확대를 보면, 의미 파생의 지점은 불에 '데었을 때'이고 거기로부터 점점 추상적인 것 -"데었을 때, 사랑에 / 데었을 때, 믿음에"-으로 확장된다. 지혜는 삶의 피부에서 만들어져 삶의 영역으로 확대되어 가는 것이다. 고귀한 척 하는 사람들은 이의 역순('믿음-사랑-불'에 데었을 때)을 선택하고 '…인 척' 했을 것이다. 하지만 살림의 지혜는 그런 가식을 좋아하지 않는다. 생명 살림은 구체적이다. 배고플 때 밥 떠넣어 주는 것이 생명세계의 법이다. 아픔에 이르지 않도록 해야 하는 것이 생명 살림의 법이다. 일단의 건강이 확보되는 것이 무엇보다 중요한 것이고, 사실 그 이상도 이하도 없는 것이 생명의 어머니의 제1원리이다. 그래서 그녀의 서정은 삶의 피부조직 혹은 일상을 귀히 여긴다. 귀중한 것은 거기에 있다.

그래서 딸려 나오는 세 번째 특징은 "그 흔한 수돗물이라도/ 퍼부어라"는 방책에서 보이는 바의 특징이다. 생명의 어머니들은 삶에 필요한 것, 특히 살림에 꼭 필요한 것을 삶 가장 가까운 곳에서 구한다. '저기 멀리'에 있지 않다. 구하기 어려운 것들이 아니다. 살림의 약은 삶 속에 있음을 알고, 살림의 영역 안에서 해결하려고 노력한다. 어쩌면 이런 특징이 '어머니들의 잔소리'라는 특징으로 자리했는지도 모른다. 한 번 생각해 보라. 어머니가 입에 달고 사시던 잔소리들 중에 생명 살림에 중요하지 않은 것이 어디 있던가. 이는 생명 살림을 제1원리로 가진 자의 고유한 특징이다. 그래서 "그 흔한 수돗물이라도/ 퍼부어라"는 방책은 절대 공허하지 않다. 지독하게 실용적이다. 무가치하게 느껴질 정도로 실용적이다. 하지만 그것은 살림의 모든 것은 삶 가까이에 있어야 한다는 그녀들의 지혜다.

그리고 이에 딸린 마지막 특징이 그녀들은 '반복'에 대해 매우 자연스럽게 생각한다는 것이다. 물론 많은 경우 가사를 중심으로 하는 여성의 삶은 실제로 반복적이기는 하지만, 그녀들에게서의 반복은 일상(日常)을 구성하는 반복이고, 반복 속에서 조그만 차이를 생성시키는 지혜이다. 그래서 조그만 차이에 민감하고 조그만 차이들을 모아 삶을 불려 나간다. 한탕 치려는 마음과는 완전히 다르다. 아울러 반복 자체를 자신들의 생의 리듬으로 이해한다. 실제로 위의 시에서 '물을 부어라'는 어구의 반복은 급박한 상황에서 작동해야 하는 지혜를 표현한 바이기도 하지만 그녀들의 '반복에의 친근성'과 무관하지 않을 것이다. 그 반복을 통해 삶의 지혜를 머리가 아니라 신체에 기록하려고 한다. 삶을 살아가야 하는 우리들의 몸에!

이상의 특징적인 면이 그녀의 시를 다시 보게 한다.

정리하자. 생명을 살리는 지혜의 여신은,

1) 생명 살림을 제1원리로 한다.
2) 삶의 피부조직인 일상(日常)에서 벌어지는 일을 귀하게 여긴다.
3) 삶을 건강하게 하는 지혜를 삶에서 구하고 삶에게 되먹임한다.
4) 반복을 삶의 리듬으로 체화(體化) 혹은 육화(肉化)한다.

그럼 이제부터 그녀의 삶의 역사 곳곳에 배어 있는 지혜의 향을 맛보자.

2. 생명 살림의 어리석은 신비에 대해

그녀는 생명을 제 뱃속에 열 달을 넣어 낳아 기르는 존재이다. 어쩌면 그녀들의 모든 특징은 여기로부터 나오는 것일지 모른다. 왜냐하면 그 사실은 사회가 어떻게 뒤바뀌어도 계속되는 천경(天經) 혹은 생명의 그물을 따르는 행위이고 삶이기 때문이다. 그녀의 몸에는 남자의 타자로 설정된 여자보다도 더 큰 천경을 따르는 어머니가 존재한다. 그 천경을 따르는 어머니가 생명을 낳아 기르고 돌본다. 인간적 이기성을 넘어서는 가장 풍요로운 사랑의 관계로 키운다. 물론 그 사랑이 현실에서 사회적 간섭에 의해 왜곡된 모습을 띠기도 하지만 그 근본에서는 가장 아름다운 생명 살림의 정신이 관통한다. 그래서 영리한 이기심에 기반한 사회적 눈으로 보면 어리석기조차 한 모습이다. 하지만 그 어리석음으로 하여 그녀는 '생명 살림의 어리석은 신비'를 인류의 영원한 가치로 인류에게 유전시킨다.

다음 시를 보자.

몰래 흙 먹던 12살 까막눈
오로지 밥을 먹으러 우리 집에 오게 된 언니
휘어진 빈 가지 같은 등도 다리도 펴졌는데
논 한 뙈기 친정 몫에 스물에 씨받이 갔다가
아들을 낳았지만 본처도 아들 낳아

맨발로 쫓겨온 언니
다리보다 더 긴 고무장화 껴입고
어느 갈비집 주방에서 40년째 밥만 한다
올해도 적금 찾은 돈 아들이 빼앗아 갔지만
다 내 씨가 나빠서라고 말하는 언니
연락 한 번 없는 아들집에 손자를 보러
버리고 간 손녀 데리고 가 놀다 오는
피붙이들에게 접골된 채 닳고 닳아
어느새 곱사등이 되어 버린 언니
며칠 전 보험 전단지 가져와 사망 시 삼천만 원
아들이 받을 수 있나 알고 싶어 묻는다
칠십 년 동안 사람으로 살고도 모자라
죽은 후에도 기어이 밥이 되고 싶은 언니
언니 보내고 쓰레기통에 구겨 넣었던 전단지
슬그머니 꺼내 펴본다
아궁이 속 부지깽이 같은 언니 있다

–「귀님 언니는 밥」 전문

이 귀님 언니를 향해 바보라고 말할 사람이 누구랴. 어리석다고 삐죽거리며 돌아설 사람 누구랴. 시인도 그녀가 보는 앞에서 화를 내며 쓰레기통에 버렸던 그녀의 마지막 희망, 보험 전단지를 슬그머니 다시 꺼내 펴본다. 이게 도대체 뭐란 말인가? 도대체 이런 사랑을 지금 돌아가는 사회적 가치로 가늠이나 할 수 있는 것인가? 이 바보스러움과 어리석음에 대해 우리는 무엇이라고 불러야 하나? 그래서 나는 그 생명 살림의 제1원리를 따르는 사랑을 '어리석음의 신비'라고 부르려고 한다. 그리고 그 어리석음의 신비만이 인류를 가능케 했던 천경을 따르는 생명의 길이었다고 생각한다. 그러니 그 '어리석음의 신비'에 대해 함부로 말해서는 안 된다. 거기는 인간적 가치보다 더 큰 생명의 가치가 흐른다. 생명을 살리기 위해 스스로 어리석어지는 사랑의 형태다. 영리하게 되는 것을 막는 생명의 법이 흐르는 사랑의 형태다. "다 내 씨가 나빠서라고" 말하며 "피붙이들에게 접골된 채 닳고 닳아 / 어느새 곱사등이 되어" 버리는, 스스로 밥이 되는, "귀님 언니는 밥"이라고 해야만 하는 생명 살림의 법이 흐르는 사랑이다. 그러니 우리의 눈에는 분명 영리하지도 밝지도 않은 사랑이다. 하지만 그녀의 생명 살림이라는 제1원리에 대해 어떻게 이기심과 경쟁심이라는 두 바퀴로 굴러가는 인간사회의 가치를 대립시키겠는가. 저렇게 살다가 죽기도 하는 것이 생명 살림을 따르는 길이다. 그러니 귀님 언니의 삶을 자식에 대한 무한한 희생이나 사랑이라는 식으로 인간화시키는 것도 바람직하지 않다. 왜냐하면 그런 말은 '어리석음의 신비'를 해체시키기 때문이다. 시인은 모든 것을 인간화시켜 놓고 낄낄거리는 존재가 아니다. 인간은 생명세계의 부분일 뿐이다. 귀님 언니를 통해 더욱 '어리석음의 신비'를 직시하게 하여 천경을 따르는 삶을 숭고하게 하는 것이 더 좋은 길이다. 그래서 시인은 "아궁이 속 부지깽이 같은 언니 있다”고 말함으로써 ‘어리석음의 신비’를 지킨다.

이것이 그녀가 지혜의 여신일 수 있는 까닭이다.

다음 시에서도 그런 그녀의 깊은 생 이해를 볼 수 있다.

텅 빈 마당
산목련 활짝 피었던 날

방 안 여기저기
대소변 널려 있었다고 했다
밥숟갈 입에 넣어 주어야 하는
눈먼 90 넘은 시어머니
쪽마루에 앉아 배고프다 배고프다고 했다
정신지체 장애자인 남편은
문 앞에 서서
그녀를 기다렸다고 했다

함박꽃 나이 때
장애자 재활원 자원 봉사하다가
남편을 만났다고 했던
그녀
농약 마신 날

아들은 군대 갔고

대학생 딸 멀리-
도시에서 산다고 했다
꽃 진 날

—「함박꽃 25년 만에 지다」 전문

그녀를 향해 가혹하다는 말도, 무책임하다는 말도, 희생적이었던 삶이라는 말도 하지 말자. 어떤 말로도 설명되지 않는 사랑이 있다가 사라진 것이다. 아니 설명하려고 노력하면 할수록 궁색해지는 이성(理性)을 느껴야 하는 사랑이 있다가 없어졌다. 꽃 피고 지는 일조차 제대로 설명할 수 없어 '필 때가 되어 피었다고 말하고 질 때가 되어 졌다' 고 말할 수밖에 없는 이성의 초라함이 느껴지는 사랑을 보고 있는 것이다. 이렇게 작동하는 생명 살림의 사랑을 무어라고 부르랴? 그것은 어리석음의 신비다. 그 어리석음의 신비를 안감으로 하여 인류는 이어지고 이어져 왔다. 그녀의 삶도 이어져 그 아들딸에게 갔다. 어떤 죄도 없음의 생명 살림이 꽃 피었다가 진 것이다. 그래서 함박꽃이다. 그 앞에서 인간은 너무 가볍다. 인간의 감정을 훌쩍거리는 것은 그 꽃을 더럽히는 것이다. 침묵으로 보존해야 한다. 그래서 시인도 자기 감정을 섞지 않고 정황만 제시한다. 판화로 새기는 것이다. 영리하게만 굴러가는 이 세상에 형상언어처럼 파 넣는 것이다. 생명 살림의 어리석은 신비를 신비인 채로 두라! 그리고 첨언하자.

그 판화의 목적은, 이런 사랑을 한 여자 개인에게만 맡겨 놓은 반생명적 사회를 생명 살림을 제1원리로 하는 사회로 바꿔내는 것이야말로 '그녀'의 사랑과 생명 살림의 인류적 가치를 영원히 하는 것이라고.

이렇게 지혜의 여신은 생명 살림의 어리석은 신비를 보호하는 것이야말로 '지금' 매우 급박한 임무임을 말한다. 그런데 정말이지 이보다 더 급한 게 뭐란 말인가! 현실은 광란에 든 것처럼 돈이라는 물질의 가치를 중심으로 돌아가며 생명을 파먹는다. 생명의 모태인 자연을 파헤치고 여성들을 값싼 노동력으로 부린다. 그럼에도 생명 살림을 떠맡은 자들은 '어리석은 신비'의 힘으로 생명을 품고 지키고자 한다. 지혜의 여신은 바로 그 점을 알리고 싶은 것이다. 생명 살림을 제1원리로 하지 않을 때 파국적 재앙이 온다고.

3. 생명 살림의 몸이 열리던 기억과 그 몸에 대한 존중

이번 작품 중에서 단연 돋보이는 시가 「꽃 속, 동해 민박집」이다. 시에서 화자는 육십의 나이에 생의 한 시점을 추억한다. 모든 것을 품어 꽃 피울 수 있던, 계절로 치면 봄기운이 넘치던 시절이다. 그때 그녀의 몸은 생명의 그물(천경)이 원하는 바로 움직였다. 그렇다고 하여 수동적이었다는 말은 아니다. 오히려 천경을 능동화시킨 건강한 상태로 자기를 기뻐하며 세계에 반응했다.

시로 보자.

봄꽃만 보면
왜 그 생각이 나는지 몰라
참 오래된 일인데 경칩 지난 동해 민박집에 갔을 때-
이 창문을 열어도 저 창문을 열어도
온통 바다였어
손을 뻗으면 만져질 듯
아예 날 덮칠 것 같은데도
하나도 하나도 무섭지 않던
출렁이는 봄 물살
마치 바람의 속살인 듯
가득한 흰빛
눈 둘 곳 없어 황급히 방안을 보는데
깨끗하게 개켜진 이부자리에 눈길 닿자
나도 몰래 아득해지며
온몸 소르르 소름 돋았지
어깨 허리마저 결렸지
저릿저릿한 어딘가로부터
눈물마저 고였었는데

왜 그랬는지 몰라
아직도 봄꽃 보면 그 속 까마득

출렁이는 동해 민박집

―「꽃 속, 동해 민박집」 전문

중심이 되는 이미지가 '출렁거림' 이다. 출렁거림을 생명력의 기호라고 생각하면 거기에 몸이 감응하여 생명을 품을 수 있는 몸, 꽃 피울 수 있는 몸으로 바뀌는 것이다. 따라서 대상이 있어 반응하여 일어나는 현상(남자가 있어 생겨나는 성적 충동 같은 것)과는 질적으로 다르다. 남성중심주의적 시각에 의하면 여성의 성충동은 남성에 의한 것이다.[3] 하지만 여기서의 현상은 자기 안에서 자연스럽게 일어나는 우주적 생명력과의 공명이며 공진이다. 제 몸에서 우주적 생명의 그물이 출렁이는 것이다. "온통 바다였어/ 손을 뻗으면 만져질 듯/ 아예 날 덮칠 것 같은데

3) 김선우의 시「얼레지」에 "옛 애인이 한밤 전화를 걸어왔습니다/ 자위를 해본 적 있느냐/ 나는 가끔 한다고 그랬습니다/ 누구를 생각하며 하느냐/ 아무도 생각하지 않는다 그랬습니다/ 벌 나비를 생각해야만 꽃이 봉오리를 열겠니/ 되물었지만, 그는 이해하지 못했습니다"라는 장면이 나온다. 아주 짧은 대화이지만 남성중심이데올로기에 의해 타자로 창작된 여자의 이미지가 어떤 것인지 한눈에 들어온다. 상대방의 말대로라면, 여자는 벌 나비에 '의하여' 그리고 '위해서' 여자다. 이런 몰이해 앞에 시인은 얼레지의 이미지를 빌어, 여성의 성은 가장 큰 생명의 갈망으로써 벌 나비를 생각하지 않아도 때가 되면 또 하나의 차이라는 생명을 잉태하고 축복하기 위해 열리는 천문(天門)이며 그 보이지 않는 힘이 바람이라고 말한다("바람이 꽃대를 흔드는 줄 아니?/ 대궁 속의 격정이 바람을 만들어").

도/ 하나도 하나도 무섭지 않던/ 출렁이는 봄 물살". 그래서 이것은 어쩌면 아주 낯선 체험일 수 있다. 왜냐하면 바다의 출렁거림을 아무렇지도 않게 느끼는 상태 혹은 "아예 날 덮칠 것 같은"을 의욕하는 상태로 자신의 몸이 변했기 때문이다. 이제 그녀의 몸은 대지의 몸이고 생명의 그물에 쓰인 천경을 읽는 몸이 된 것이다. 그만큼 그녀의 몸과 마음이 거대해진 것이다. 생명을 부를 수 있을 정도로 커진 것이다(생명을 부를 수 있는 몸은 그 순간 우주적 생명의 그물이 작동하므로 모두 거대하다고 말할 수 있다). 그래서 그 체험은 아무리 시간이 흘러도 한 여자의 기억에서 쉬 지워지지 않는다. 제 몸에 우주의 뜻이 새겨진 다시 말해서 스스로 우주만큼 커졌던 체험이니 그럴 수밖에 없다. 그래서 마치 언덕에 올라 살아온 날을 돌아보듯 "봄꽃만 보면/ 왜 그 생각이 나는지 몰라" 중얼거리며 저의 완경(完經)의 의미를 가늠하는 것 같다. 그리워하기만 하는 것이 아니라 "그 속 까마득/ 출렁이는 동해 민박집"을 통해 자기 몸에 흘렀던 생의 기운을 다시 느껴보며 그 기운이 빠져나간 자리에 살림의 지혜를 채우는 여신으로 거듭나기 위한 생의 사간을.

동해 민박집 그녀, 스스로도 감당하기 힘들 정도로 커다란 아름다움이었으리.

동해 민박집 그녀, 천경을 따르는 생에서 가장 아름다운 유혹에 눈떴으리.

동해 민박집 그녀, 자기 몸이 생명 살림의 제1원리에 의해 움직이는 신성임을 알았으리.

물론 그런 여성의 몸에 사회적 삶이 낸 상처는 말할 수 없이 크다는 것을 우리 모두는 안다. 하지만 그럼에도 불구하고 그녀들은 그 몸을 스스로 귀하게 지켰고 존중했다. 왜? -그 몸은 내 몸이면서도 생명 살림의 제1원리를 따르는 몸이므로. 그래서 그녀들이 지혜의 여신이 되었을 때 몸에 대한 마음씀이 참으로 각별하다.

다음 시를 보자.

어머니와 목욕탕에 갔다
혼자 되시고는 처음이다
온몸 듬성듬성한 어머니
칠순 연세에 그러려니 하며
등에 비누거품 문지르는데
탄력이 죽- 느껴졌다
괜히 가슴이 쿵 내려앉았다
얼른 물로 씻으니
보드랍고 진주 빛 같은 매끈한 등
자신도 볼 수 없는 젊음이 드러난다
신체 중에서 제일 늙지 않는 곳이 등이라 했던가
아무도 볼 수 없게 갇혀버린
생명이 사는 등
가만히 얼굴을 묻었다
아쉽고 떨쳐지지 않는 뭔가에
자꾸 숨이 몰아쉬어 진다

드러낼 수 없는 진주 빛 등에
착하고 부드러운 손길 하나
심어드리고 싶다

—「목욕탕에서」 전문

이 시를 너무 천박하게 읽지 말자. 시인은 혼자 되신 어머니의 등을 보며 남자의 타자로서의 여자만 생각한 것이 아니다. 그녀는 분명히 말한다. "아무도 볼 수 없게 갇혀버린/ 생명이 사는 등"이다. 여자로서의 청춘이 살고 있는 등이며, 생명 살림을 제1원리로 사신 생명 어머니의 등이다. 따라서 여자로서의 몸에 예의를 다 할 수 있는 남자와 여신으로서의 몸에 예의를 다할 수 있는 남자를 생각한 것이다. 그래서 "착하고 부드러운 손길 하나/ 심어드리고 싶다"고 말하는 것이다. 착하고! 부드러운! 그래서 그 몸에 예의를 다할 수 있는 자연(혹은 생명)의 윤리를 생각하는 것이다. 그러니 여기서 생명 살림을 제1원리로 사신 생명의 어머니 등을 빼버리면 희화화될 수밖에 없는 것이다. 물론 지금 세상은 '여자, 여자, 여자' 타령을 한다. 본능이 어쩌고저쩌고 한다. 나 또한 그런 현상들을 부정하지 않는다. 하지만 홀로된 어머니의 등에 얼굴을 묻고 있는 또 한 명의 여신은 말한다. 여자의 몸을 너희 마음대로 가볍게 말하지 말라. 여자의 몸은 여자의 몸이기도 하지만 천경이 담긴 여신의 몸이기도 하다고. 너희들이 그 천경의 몸이 어떻게 고단한 일상을 떠맡았는지 알기나 하냐고.

4. 일상은 생명의 전당(殿堂), 여신들의 거처다

일상(日常) -이 말에서는 너무 지루한 냄새가 난다. 구질구질한 냄새가 난다. 조잡한 냄새가 난다. 아-, 실제로도 그렇다. "볶다, 끓이다, 굽다, 졸아붙은 그 반찬"(「사랑은 빈집처럼」에서) 냄새가 난다. 인간관계에서도 그런 냄새가 난다.

그러나 탐스러운 흰 연꽃은 바로 그와 같은 탁한 연못에서 피어난다.

그러나 모든 탐스러운 생명은 바로 그 일상에서 자라고 핀다.

그리고 생명을 살리는 모든 사상도 그 일상이라는 연못에서 피어난다.

그러니 일상(日常)을 나쁘게 말하지 말자. 일상을 구질구질한 일이 일어나는 곳이라고 비하하지 말자. 그런 말들에는 알게 모르게 생명 살림의 어머니를 폄하하는 의도가 들어 있다. 왜냐하면 일상이야말로 생명과 살림의 여신들이 거처하는 곳이기 때문이다.

자, 보라!

두 돌 된 손녀

두 돌 두 달 남은 손자
잘 먹고
잘 놀고
잘 잔다
지난번에는 혼자 겨우 섰는데
오늘은 걷는다
지난번에는 할머니 하면 손으로 가리키기만 했는데
오늘은 함니– 한다
제 이름 불러주니 양손 볼에 대고 네– 한다
올 때마다 한 가지씩 요술을 부린다
이럴 때 온몸 성큼해지며
집안 반짝 빛이 난다
세상 어디에 있다 내게 온 것일까
한창 다시 사는 것이다
웃을 일만 생긴다

–「손녀손자가 오면」 전문

일상, 거기에서 생명의 아이들이 자란다. "지난번에는 혼자 겨우 섰는데/ 오늘은 걷는다/ 지난번에는 할머니 하면 손으로 가리키기만 했는데/ 오늘은 함니– 한다/ 제 이름 불러주니 양손 볼에 대고 네– 한다". 이렇게 생명이 자라고 있다. 그런데 누가 이렇게 자라도록 먹이고 보살피는가? 생명에게 "잘 먹고/ 잘 놀고/ 잘 잔다"의 안전한 세상을 만들어주기 위해 누가 벌고 누가 먹이는가? 다시 한 번 묻자. 누가 생명이 자라는 일상을 관장하는가? 살림의 어머니들이다. 그녀들이 일상을 생명의 전당으로 만든다. 그것도 속성수(速成樹)처럼 쑥쑥 자라는 나무라면 티라도 날 텐데, 마디게만 자라는 생명을 그래서 티도 안 나고 구질구질하고 지루한 일을 그녀들이 한다. 어쩌면 그녀들은 그렇게 행하면서도 그녀들 자신이 무슨 일을 하는지 모를지도 모른다. 그 살림의 행위는 의식보다도 앞선 것이다. 여러분들도 연세 드신 분들이 "내 자식 기를 때는 몰랐는데 요즘 손주 보는 재미에 푹 빠졌다."고 하시는 말을 들어보았을 것이다. 그만큼 생명 살림에 쏠려 있어 의미화되지 않는 행위였다. 실제로 시인도 손주를 보며 "세상 어디에 있다 내게 온 것일까/ 한창 다시 사는 것이다"고 말한다. 모르긴 몰라도 그녀 역시 제 자식 기를 때는 살림에만 정신이 가 있어 "요술을 부린다/ 이럴 때 온몸 성큼해지며 / 집안 반짝 빛이 난다"의 즐거움에 계속 머물러 있을 수 없었을 것이다. 그렇게 되게 하기 위해서라도, 지지고 볶는 구질구질한 나날을 떠맡아 살았던 것이다. 그녀들은!

그렇기에 더욱더 일상이 그녀들의 거처다. 그녀들은 하늘나라에 있는 것도 궁전에 있는 것도 아니다. 그녀들은 일상이라는 시공간에서 생명을 기르며 일상 자체를 생명의 전당으로 만드는 자들이다. 아니, 이 세상을 떠받치고 있는 일상에 생명과 그 살림이라는 실핏줄을 연결하는 자들이다(실제로 그녀들의 하루 일과가 그리는 동선을 보라. 정말이지 생명 살림의 실핏줄 같은 길일 것이다). 그래서 그녀들이 없으면 일상은 무너지고 살림이 무너진다. 살림이 무너지면서 일상은 생명의 각축장이 된다. 감히 말한다. 그녀들은 일상을 생명의 전당으로 만드는 자들이다. 실제로 그녀들의 살림살이는 생명 중심으로 배치되고 그녀의 몸과 정신도 생명 살림에만 쏠려 있다. 그 덕으로 그 일상에 해가 떠오르고 어둠이 온다. 그녀들은 생을 위해 나날이 안정된 반복의 리듬을 만들어내는 신들이다.

시를 읽어보자.

유난히 아침잠 많아
아이들 입학하면서부터
도시락에 식사 준비 남편 출근 아이들 보내기까지
절반은 내 정신이 아니었다
누울 자리만 보였다
– 이것만 하고 자는 거야, 자야 해, 잘 거야, 잘래
쉴새 없이 웅얼웅얼 하는 동안
언제 그랬나 싶게 잠은 달아나고
여느 때처럼 집안일 시작
이러기를 30여 년
어느 날부터 저절로 눈이 떠졌다
자정 넘어 잤는데 새벽 4시다
처음에는 너무 신기했는데
나이 들어가는 일이다
이제는 새벽부터 일어날 일도 없는데

시집 간 두 딸 방을 열어본다
컴컴한 어둠 속 따라가 본 곳
지난 날 괴롭게 퍼붓던 싱싱했던 아침잠
떠메고 가도 모르게 자고 있다
날 닮은 아이들
벌건 해를 품고

―「잠이 마른 빈방에」 전문

생명 살림의 어머니들은 누구나 비슷했을 것이다. "도시락에 식사 준비 남편 출근 아이들 보내기까지/ 절반은 내 정신이 아니었다/ 누울 자리만 보였다/ – 이것만 하고 자는 거야, 자야 해, 잘 거야, 잘래/ 쉴새 없이 웅얼웅얼 하는 동안/ 언제 그랬나 싶게 잠은 달아나고/ 여느 때처럼 집안일 시작/ 이러기를 30여 년"이다. 얼마나 지겨웠을 것인가. 하지만 이게 지겨운 일이기만 하다면 그녀들이 어떻게 지금까지 살아 있겠는가. 그럼 그녀들은 어떻게 그리고 왜 그 지겨움을 잊을 수 있었는가? 그 답은, 위대한 창조 – 자식들이 있었기 때문이다. 자신과 남편을 반쯤씩 머금은 예술품이 있었기 때문이다. 그녀들은 일상의 반복을 통해 생명을 길렀다. 아침해로 먹을 것을 만들었고 저녁달로 꿈을 만들었다. 돌봤고 길렀고, 자기의 창조를 보며 창세기의 하느님처럼 "보니 좋더라!"고 했다. 그렇게 그녀들은 30년의 세월을 스스로 일상이 되어 살았다. 어제와 같지만 다른 생명의 자람을 일구며 살았다. 그런데 어떻게 그녀들의 일상을 구질구질하다고 말할 수 있는가. 그것은 의도적인 비하다. 그 일상이 없었다면 “지난날 괴롭게 퍼붓던 싱싱했던 아침잠/ 떠메고 가도 모르게 자고 있다/ 날 닮은 아이들”은 없었을 것이며, 그 아이들로 이어지고 이어지는 “벌건 해”는 없었을 것이다. 해를 떠올리며 늘 찾아오는 날들, 그 日常은 없었을 것이다.

그래서 일상은 생명 살림의 여신들의 거처이며 생명의 전당이다.

이런 사실을 그녀들도 본능적으로 안다. 알기에 틈만 나면(속되게 말해 습관적으로) 일상의 자기를 비롯해 시공간을 늘 생명과 생명력으로 채우려고 한다. 시공간을 자신의 영토로 만들려고 한다. 그 영토 안에서 생명의 안전을 꾀한다. 그렇기에 지혜의 여신이 되었을 때 그녀들은 일상을 좋게 말할 수밖에 없다. 말로만 그렇게 하는 것이 아니라 실제로도 그렇다.

다음 시로 보자.

신혼 때였다
남편 봉급 받으면
비닐봉지 조각내 서른 개를 만들었다
나누기 좋게 전부 잔돈으로 바꿔
하루에 한 봉지만 썼는데
두 봉지 써 버려

담뱃값 주지 못한 그런 날
퇴근 시간 맞춰 마중 나가던 연희동길
만발한 넝쿨 장미 몰래 꺾어
남편에게 건네주었으니
아무도 모르리 그때
볼우물에 깊게 고이던 사내의 미소
꽃이 다 질 때까지 우리는,
이러다 동네 장미꽃 남아나지 않겠네-
웃으며 연희동 길 오르내렸으니
쪼들려도 그 향기
시들지 않던 신혼 방
추억은 늙지도 않아
이제도 넝쿨 장미 필 때면
붉은 꽃송이같이 매달고 싶은
서른 개 비닐봉지

-「서른 개 장미꽃」 전문

넝쿨 장미 가득 핀 연희동 언덕길에 울려 퍼졌을 그들의 웃음소리를 생각하라. 지금도 그 소리를 상상하면 갑자기 생의 기운이 약동하며 붉은 넝쿨 장미 피어나리라. 시간을 훌쩍 건너 다시 젊음이 되리라. 왜? 그 웃음이야말로 돈 만능 세상에서 돈도 이겨먹은 강력한 생명의 터짐, 속삭임, 희망이었기 때문이다. 신혼 초의 한 여인네가 겁도 없이 돈 세상의 압박도 이겨내며 꿈을 꾸던 생명의 힘이기 때문이다. 바로 그 생명의 힘 위에 "아무도 모르리 그때/ 볼우물에 깊게 고이던 사내의 미소"를 담았을 것이다. 그렇게 그녀는 그 자신부터 생명의 성소로 만들고 꾸몄으며, "쪼들려도 그 향기/ 시들지 않던 신혼 방"으로 만들었다. 모르긴 몰라도 그런 건강한 생명의 힘 안에 고귀한 생명도 하나 담았을 것이다. 그러니 어찌 잊겠는가. 그래서 지혜의 여신은 지금 막 생명 살림의 어머니가 된 이들에게 말하는 것 같다. "이제도 넝쿨 장미 필 때면/ 붉은 꽃송이같이 매달고 싶은/ 서른 개 비닐봉지"라는 추억은 거저 생기는 것이 아니라 일상을 생명의 전당으로 바꾸려는 오롯한 힘만이 만드는, 그래서 너희 손으로 만드는 생명의 추억이라고. 그러기 위해서라도 생명 살림 이상은 들여놓으면 안 된다.

옹색하다 싶다가도
집안을 둘러보면
그 아비에 그 딸을 기른
세상에서 가장 정당한 살림만
단출하다

–「물려줄 살림」 부분

5. 생명세상을 위한 여신의 지혜를 찾아서

이제 그녀가 살림의 어머니에서 지혜의 여신으로 변신한다. 생명 살림으로 집중되어 있던 지성이, 비유컨대 실무자의 안목에서 전체를 보는 큰 차원으로 확대되는 것이다. 그런데 그녀의 삶이 생명 살림을 제1원리로 하여 이루어졌다면 더 넓은 안목의 차원이란 구체적으로 무엇일까? 한마디로 생명이 다 잘 살 수 있는 생명세상에 대한 이해이며, 거기서 나오는 지혜다.

그녀가 제시하는 몇 가지 중요한 지혜들을 읽자.

1) 나눔, 우선 밥부터 나눠라!

그녀의 꿈은 간단하다. 모든 생명의 어머니가 기른 모든 차이의 생명이 다 같이 잘 사는 세상이다. 물론 그녀들은 한 가족 안에서도 잘나고 못난 자의식으로 하여 일어나는 분란들을 많이 보았고 수없이 들었을 것이다. 하지만 그 폐해의 직접당사자일 수밖에 없는 그녀들은 또한 그것의 갈등을 견디고 치료하며 살림을 일구었다. 때문에 그녀들은 산천초목처럼 차이는 있으되 차별 없이 저마다 생명의 길(혹은 道)을 가는 세상을 본능적으로 염원한다. 그리고 그 가능 조건이, 하나의 차이가 다른 차이를 넘어서지 않으면서 자신의 차이를 최대한 발양하며 이웃하고 나눌 때 가능함을 안다. 이웃하고 나눔! 생각해 보라. 하나의 차이로서의 내가 나의 길만 가며 이웃과 친밀함을 나눈다면 무슨 문제가 있겠는가. 하지만 소유적 관계를 기반으로 하는 사회에서는 차이를 넘어서 자기를 확대하는 게 잘 사는 길이다. 그럴 때 지배가 가능하고 그것이 권력이 된다. 그래서 하나의 차이가 끊임없이 다른 차이를 소유하고 독식한다. 그게 모든 문제의 근원이다. 이는 불평등의 구조화를 넘어 절망의 구조화를 낳는다. 이에 대한 여신의 대안은 일단 나누자는 것이다. 마음도 좋고 정신도 좋지만 일단 '밥부터' 나누어야 한다. 나눔을 근본으로 하는 세상을 꿈꾼다.

다음 시를 읽자.

노숙자 급식소

검은 솥단지마다 쌀밥 그득그득하다

이곳은 뭐든지 고봉이다

고봉도 모자라

어느 키 작은 다리 저는 남자

벌써 다섯 고봉째

저 사람 위가 구멍 나면 어떡해

줄 서 있던 노숙자 냅다 소리지른다

– 저 사람, 솥단지째 먹을 수 있어

빵구 나도 놔둬, 먹게

밥 푸던 나 자꾸 헛주걱질이다

밥 김 내내 매워 눈물 난다

얼른 큰 양푼에 밥 푸니

그러면 모자란다고

줄 서 있던 노숙자가 말한다
김 무럭무럭 나는
밥 한 그릇

집에 와 밥을 먹는데
속 부글거린다
눈물 난다
괜히 어디에라도 마구 해대고 싶다

—「양푼 밥」 전문

세상의 이치는 단순해서 "김 무럭무럭 나는/ 밥 한 그릇"을 나눌 수 있다면 절망의 구조화는 없다. 그런 나눔이 사라졌다는 것이 절망의 구조화다. 그렇다면 처방 또한 단순하다. 그런 생명 살림의 나눔의 정신을 사회의 중추적 조직으로 만들면 된다. 이 문제를 해결하기 위해서는 머리가 똑똑할 필요도 거창한 전문성이 필요하지도 않다. 왜냐하면 그것은 가치의 문제이기 때문이다. 공동체의 틀거리를 그 가치로 가져가면 되는 것이다. 한데 이 사회는 그렇지 못하다. 무지무지하게 배웠다는 사람들이 중요한 자리를 다 차지하고서도 그런 것 하나 해결하지 못한다. 왜? 생명 중심의 가치에서 벗어나 있기 때문이다. 그들의 마음자리가 "김 무럭무럭 나는/ 밥 한 그릇// 집에 와 밥을 먹는데/ 속 부글거린다/ 눈물 난다/ 괜히 어디에라도 마구 해대고 싶다"로 옮겨가면 되는 것인데 말이다. 그렇기에 이 말은 단순히 가슴 아픈 장면을 봐서 속 볶여하는 것과는 질이 다르다. 생명 살림의 어머니는 생명이 잘 살 수 있는 조건을 가장 안전한 자기의 몸으로 생각한다. 사회가 생명을 살리기에 적합한 모델이 아니면 당신 몸이 불편한 것이다. 그래서 "속 부글거린다/ 눈물 난다/ 괜히 어디에라도 마구 해대고" 싶은 것이다. 그녀에게 생명 살림은 본성이다. 보라. "버려진 목단/ 이미 시들대로 시들어/ 살기는 힘들 거라 생각하면서도/ 화분에 옮겨 집으로 데리고 왔다/ 봄이 되어 잎이 돋는데/ 희끗희끗 하다 말라 버린다/ 어쩔 수 없지 생각하고는/ 흙 냄새나 실컷 마셔라 / 아파트 화단에 놔두고"(「어떤 응원」에서)가 그녀의 본성이다. 그렇기에 가정도 가족도 사회도 생명의 가치를 중심으로 나눔의 사회로 되지 않으면 불편하다.

어쩌면 생명 살림의 그녀들은 존재 자체가 반자본적 존재일지 모른다.

2) 욕심을 비우는 삶

나눈다는 것은 비운다는 것이다. 나의 욕심을 비우는 것이다. 나의 욕심을 덜어 비우지 않고 무엇을 나누겠는가. 그녀들은 아이를 갖기 위해 자신을 비웠고, 아이를 기르기 위해서 자신을 비웠으며, 아이를 독립시키며 또 한 번 자신을 비웠다. 비움과 나눔이 그녀들의 살림 정신이었고, 그것이 바로 우주적 살림의 대원칙이다.[4] 그녀는 늘 생명의 그물이 바라는 바의 길을 따라 걸었다. 비움으로 생명을 들였고, 나눔으로 생명을 살렸고, 생명의 세상을 풍요롭게 했다.

오십 년도 넘은 아이 때였다. 아버지가 서울 다녀오시며 은빛 별 박힌 연필과 햇빛에 비추면 무지개 빛깔을 내던 지우개를 사 오셨다. 나는 아끼느라 깎지도 지우지도 못하고 필통에 담아 가지고만 다녔다. 반 동무들이 한 번만 만져보자며 만지작거리며 부러워하면 결국 아이들에게 하나씩 나눠 주었다. 좋아서 펄쩍 뛰던 친구들을 뒤로 하고 집에 와서는 방문을 잠그곤 엉엉 울었다. 울음소리가 새어나가 엄마가 들으실까봐 이불을 덮고 울었다. 내 귀에만 커다랗게 들리던 울음-

육십이 되어서야 그 울음이 나에게 유구한 전통이 되었음을 알았다. 공부, 사랑, 결혼, 하다못해 시 쓰는 일까지도 나는 누구엔가 다 내주었다. 요즘 들어 혼자 있을 때 희미하게 아이의 울음이 들리는 듯하면 안다. 소중한 무엇이 나를 떠나고 있음을.

4) 이기상 교수는 '비움'과 '나눔'을 우주적 살림살이의 대원칙이라고 선언한다. 『우리말 철학』106쪽을 참조하라. 살림을 하려면 다음을 본능화 하지 않으면 안 된다. 1) 비운다, 2) 자신[小我]을 없앤다, 3) 자신을 가르고 나눈다, 4) 자신을 고집하지 않는다.

하지만 달라진 것은, 이제 눈을 감고 햇살에
퍼지던 무지개를 떠올리며 소중한 것 하나를 내
가 이 세상 속에 숨겨둔다고 생각한다.

耳鳴의 그 아이를 위해
무지개로

–「이명(耳鳴)」 전문

"나는 누구엔가 다 내주었다". 저가 최고였던 어린 날은 "이불 덮고 울었다." 그리고 그 울음은 "유구한 전통"이 된다. 그래서 곰곰이 생각해 보면, 나는 나를 내어주기만 한 존재다. 나에게 소중한 무엇인가를 내어주며 산 것이다. 그렇다면, 그래서 나는 알거지가 되었는가? 후회막급한가? 지혜의 여신이 된 그녀는 전혀 그렇게 생각하지 않는다. 소중한 나를 내어준 것은 사라져 없어진 것이 아니라 "내가 이 세상 속에 숨겨둔" 것이 되었다. 은빛 별 박힌 연필과 무지개 빛깔 지우개는 "좋아서 펄쩍 뛰던 친구들"이 된 것이다. 공부, 사랑, 결혼, 시 쓰는 일까지 모두 다른 무엇으로 이 세상이 된 것이다. 그렇게 나의 내어줌은 또 다른 세상, "耳鳴의 그 아이를 위해/ 무지개로" 된 것이다. 그녀는 소중한 것들을 내어주는 자기 비움으로써 소중한 이 세상을 이뤄 그 안에 존재한 것이다. 그러니 어찌 그녀 자체가 빔의 공능(功能, 이루는 힘)을 체현하고 있다고 말하지 않을 수 있겠는가. 어쩌면 소유적 관계에 기초하는 이 사회에서 생명 살림의 어머니 삶이란 자기 비움을 통해 문제 해결로 나아가는 길의 연속이었는지도 모른다.

다음 시는 아이들 쑥쑥 자라 경제적으로 쪼들릴 때 남편에게 돈 좀 더 벌어다 주었으면 하며 대립각을 세울 때의 일이다. 생명 살림의 어머니로서는 당연히 남편을 들볶을 수밖에 없고 남편도 그 사정을 알 것이다. 그러나 지혜로운 어머니도 그런 요청이 남편에게 다른 사람이 되길 희망하는 것과 같은 일이라는 사실임을 안다.

그 해결이 다음과 같다.

당신 등산 다녀온다고 현관문 닫는 소리
철컥 하고 유난히 외롭게 들렸던 날
내가 텅 빈 집으로 기다렸나 봐요
산에서 돌아온 당신이 그냥 귀엽고 반가워
가득 안아 발을 씻어주고 크림도 발라주었는데
뭔가 다시 느껴지기 시작하더라고요
땀에 절은 등산복의 큼큼한 냄새도
안방 거기쯤 은밀한 사랑냄새 같기도 하고
빈집 되니 당신
귀하고 귀여워요

–「사랑은 빈집처럼」 부분

나를 나로 채우면 그가 들어올 자리가 없다. 그래서 먼저 자신을 텅 빈 집으로 만든다. 자신을 텅 비우니(빈집은 사람을 그리워한다. 그게 집이므로!) 그가 무조건 필요의 존재이고 나의 충분의 존재이다. 거기서 각성이 일어난다. 그가 없으면 실은 나도 없어지는 것이 관계의 법이라는 사실을. 생각해 보라. '집 따로 사람 따로'라면 그게 뭔가? 아무것도 아니다. 차원의 변화가 없는 결합이다. 하지만 부부는 차원의 변화를 일으키는 관계('우리'가 되는 관계)다. 그런 느낌을 "내가 텅 빈 집으로 기다렸나 봐요/ 산에서 돌아온 당신이 그냥 귀엽고 반가워/ 가득 안아 발을 씻어주고 크림도 발라주었는데/ 뭔가 다시 느껴지기 시작하더라고요"라고 표현한다. 이것이 비움이 일으키는 효과이다. 비움이 생명 살림의 원리일 수 있는 까닭은 비움을 통해 '차원의 변화를 일으키는 관계의 힘'이 생기기 때문이다.

이제 지혜의 여신은 그 힘을 '욕심을 비우는 삶'으로 안다.

'너의 욕심을 비워라. 그때 우리의 힘이 생겨난다!'

3) 느림, 생명의 관계를 보살피는 속도!

자기 비움과 나눔은 생명을 품어야 하는 여성에겐 신체에 새겨진 덕목이기도 하다. 비움이 없으면 새로운 생명을 들일 수 없고 나누지 않으면 기를 수 없기 때문이다. 그런데 이런 비움과 나눔은 관념의 세계에 있는 것이 아니라 변하는 시공간에 놓여 있다. 따라서 그녀들은 속도에 대해 예민하다. 여기서 예민하다 함은 '속도(시간)는 돈' 이기에 예민하다는 말이 아니라 '속도가 생명의 리듬' 과 관련된다는 점에서 예민하다는 뜻이다. 실제로 아이들이 자라기를 기다리는 그녀들은 그 생명의 속도를 가장 적당한 속도로 느끼고 체화한다. 생각해 보라. 아이를 기를 때 기다림과 느림을 실천하지 않는다면 어떻게 아이들과 함께 하겠는가.

그래서 '느림' 또한 지혜의 여신에겐 커다란 덕목이다.

다음 시를 보자.

오랜만에
시골 시외버스를 탔다
정류장마다 선다

할머니가 탄다
정말 느리다
계단을 오르는데 한참
걸어오는데 한참
의자에 앉는데 한참

할머니가 내린다
정말 느리다
의자에서 일어서는데 한참
계단 내려서는데 한참

내려서서 잠시 차에 몸을 기대고
서 있는데
운전기사 마냥 앞만 보며
– 할머니 무슨 미련 있어 떠나지 못하시나
나는 어떻게 떠나라고

기사양반은 다 안다
느리다는 것은
모두가 함께 가는 방법이다

–「느리다는 것」 전문

저 할머니만 제쳐버리면 속도가 생길 것이다. 하지만 기다린다. 한참을 기다려 함께 간다. 제쳐버리면 속도는 생기겠지만 버려지는 것이 있다. 파괴되는 관계가 있다. 물론 시인은 속도 자체를 비판하는 것이 아니다. 생명의 세계에선 속도도 느림만큼 필요하다는 것을 잘 알 것이다. 그녀가 지금 보고 있는 것은 이윤을 내는 속도가 아니라 생명의 시간을 따르는 혹은 존중하는 속도다. 그 속도야말로 가장 아름다운 속도, 그래서 "느리다는 것은/ 모두가 함께 가는 방법"으로의 속도다. 이윤만을 좇는 속도는 이윤을 위해 관계를 파괴한다. 할머니만 버리고 가는 것이 아니라 할머니와 연결된 모든 생명의 세계를 파괴하고 스스로도 거칠어진다. 그래서 경쟁과 속도 그리고 이기심으로 굴러가는 도시 버스(문명)에 대한 반성처럼 아주 느린 호흡으로 풍경을 그려낸다. 그 느림 속에서 생명을 보살피고 존중하는 관계가 새삼스럽게 두드러진다. 그 "한참" "한참"을 그 관계에 놓은 모두가 보았을 것이다. 길바닥도 앞산도 나도 미루나무도 버스 안을 앵앵거리던 파리들도 "한참" 보다가 말했을 것이다. "할머니, 아직도 정정하시네요."라고.

이렇게 느림은 생명의 관계를 되살린다.

생명 살림의 어머니를 거쳐 지혜의 여신에 이른 그녀는 조금 더디게 가도 "모두가 함께 가는 방법"으로의 느림을 지지한다. 모두가 함께 가는 방법이야말로 모두가 함께 가고 있으므로 속도의 문제를 일으키지 않기에 결국 가장 빠르게 가는 것이라는 '밝지 않은 진리'를 안 것일까?

4) 조금 밑지는 듯 살라, 향기가 넘치리라!

지혜의 여신으로 접어든 그녀에게 삶을 어떻게 살아야 하느냐고 묻는다면, 생각해 보고 말 것도 없이 단박에 '조금 밑지게 살라'고 답할 것이다. 왜냐하면 이 말은 그 자체로 생명 살림의 어머니 삶의 내용이고 형식으로써, 모든 것을 받아들이고 관계 맺으며 살리려는 이의 마음 자세가 담겨 있기 때문이다. 그런데 이렇게 말하면, 1+1=2고 2-1=1인데 어떻게 밑지고 살 수 있느냐,라고 반문할 수 있다. 하지만 앞서도 본 것처럼 관계의 차원은 밑짐으로서 전체의 차원이 살아나기 때문에 결코 밑지는 것이 아니다. 오히려 넘치게 하는 것이고, 그만큼이 삶의 향기로 변한다. 생명의 세계에서는 밑진 만큼 향기의 문화가 열린다.

다음 시를 읽어보며 그 "감꽃 향기"를 음미해 보라.

어렸을 때 외할머니는 나를 데리고
감을 팔러 읍내 시장에 가셨다
떠나기 전 잘 익은 감 한 접씩
나는 신나서 세고 또 세었다
맞는데도 할머니는 몇 개씩 더 가져 가셨다
소매상에서 감을 세는 동안
할머니는 내 먹을 것만 사러 다니셨다
내가 센 것이 맞나 지켜보는데
가게 주인은 다섯 개씩 세다 여섯 개 쥐고 다섯이라고 했다
그럴 때마다 할머니는 말없이 채워주셨다
할머니가 속고 있었다
속상하실까 봐 말도 못하고 쳐다보면
웃으시며 내 머리만 쓰다듬었다

어느덧 나도 외할머니 나이
요즘은 가끔씩 몇 개씩 더 가져가던
외할머니 감이 떠올라 슬몃 웃는다
아– 감꽃 향기였다

–「외할머니 감」 전문

이제 막 셈을 배워 똘똘한 아이는 눈이 초랑초랑하다. 아이는 그 셈으로부터 자기를 드러내고 싶어한다. 소매상 사람이 눈속임을 한다. 아이와 소매상 사람의 눈은 더욱 불꽃 튀길 것이다. 그 다음에는 어떤 일이 일어날 것이라고 짐작할 수 있다. 하지만 할머니는 "웃으시며 내 머리만 쓰다듬었다". 거친 말이 오갈 싸움 대신 웃음이 내 눈에 닿았다. 그리고 훗날 그 웃음은 "어느덧 나도 외할머니 나이/ 요즘은 가끔씩 몇 개씩 더 가져가던/ 외할머니 감이 떠올라 슬몃 웃는다/ 아- 감꽃 향기였다"로 변한다. 밑지는 만큼 넘쳐 웃음이 되고, "감꽃 향기"가 된 것이다. 이렇게 지혜의 여신들은 셈법의 문화가 아니라 생명의 문화로 아이를 길렀다. 왜냐하면 이 세상이 셈의 세상이 아니라 생명의 세상이었기 때문이다. 1+1=3이 되고 때로는 1+1+1=1이 되는 것이 생명의 세상임을 알았기 때문이다. 밑지고 사는 것이 넘치는 것으로 돌아오는 생명의 법을 알았기 때문이다.

6. 누구도 모르는 어머니의 세계를 지나

하지만 어느 누구도 어머니의 세계를 '이것'이라고 말할 수 없다. '이것'이라고 말하는 순간 그것은 벌써 어머니의 세계가 아니다. 왜냐하면 어머니는 생명 살림의 어머니고, 생명 살림은 생명과 더불어 끊임없이 변하는 것이어서 개념화될 수 있는 것이 아니기 때문이다. 다만 우리들은 그녀들이 생명 살림을 제1원리로 하여 움직이고, 그들이 움직이는 일상은 생명의 전당이며 생명 사상의 거처이고, 완경을 이룰 즈음 지혜의 여신으로 변신한다는 지극히 외관 사실만을 알 뿐이다. 그리고 이런 특징조차 남성중심주의에 의해 지극히 오염된 나의 눈으로 하여 들여다보기가 쉽지 않다. 그러니 애당초 최영진 시인의 시를 읽고 '모르는 어머니 세계'로 방향을 잡아 '지혜의 여신-되기'라는 글을 쓰려고 마음먹은 것 자체가 난센스임도 부정하지 않는다. 함에도 분명한 것은 그녀가 생명 살림의 어머니를 거쳐 지혜의 여신 단계에 와 있다는 것이다. 서정의 편편이 그 길목임을 알리고 있다는 믿음이 생긴다.

그런 계기를 준 것이 다음의 말이다.

세상에서 제일 좋은 게 뭔 줄 아니?
어머니로 사는 것이다
옮겨 심은 어머니라는 자리……
혼자 말씀하시고 혼자 대답하시며
말끝을 흐리셨다

노을이 노을 속으로 잠겨
삼십 년 전처럼 점점 어두워지고 있는 중인데
세상에서 가장 더디게 오는 이해가
어머니가 되는 것이다

-「세상에서 가장 더디게 이해되는 말」 부분

생명 살림의 어머니로 30년을 그 역할을 하고도 그녀는 모른다고 한다. 어머니였으면서도 어머니를 모른다고, "세상에서 가장 더디게 오는 이해가/ 어머니가 되는 것"이라고 말한다. 왜 그랬을까? 어떻게 이 말뜻을 받아들여야 하는가? 추측한다. 생명 살림을 관장했던 그녀는 모든 잘난 척하는 개념들이 비생명적일 수밖에 없다는 사실을 애초부터 알고 있었을지 모른다. 아니, 모든 개념들은 생명 성장을 위해 방편적일 뿐이라는 사상을 골수에 새기고 있을 것이다. 왜냐하면 생명의 세계는 개념이 아니라 스스로 그러함으로만 굴러가기 때문이다. 따라서 스스로 그러하게 굴러가도록 조력하는 것을 자신의 임무로 삼았던 이들은 자체로 개념화될 수 없는 존재일지 모른다.

그래서 느껴질 뿐 알 수는 없는(애당초 앎의 대상일 수 없는) 존재, 어머니!

그렇다면 지금까지 나의 어쭙잖은 글은 비유컨대 똥뽈을 찬 것이다.

그런데 나도 아는 게 하나 있다. 지혜의 여신으로 접어든 사람은 야단치지 않는다는 것을. 분명 그녀는 이렇게 말하며 빙긋 웃으리라. "재밌었어".

그래서 마지막으로 시 한 편만 더 읽고 그 똥뽈을 그녀의 시를 읽는 관중석에 떨어뜨릴 것이다. "와-"하는 웃음이 터져나올 수 있도록.

아카시아 가득 핀 날
나는 한 노래를 끝까지 부르며 갈 것이니

아득하다 50년 전
합창단원모집 현수막 보고
혼자 찾아간 방송국
번호표 달고 양손 가슴에 모았었나
두 주먹 꼭 쥐고, 아니 땀방울까지 쥐었을런지도
요즘 말로는 오디션이겠지
– 송알 송알 싸리잎에 은 구슬 –
한 소절만 부르는 시험
잘 했는지 어땠는지
아무것도 기억에 없이
아카시아 눈처럼 날리는 사직공원에서
발표를 기다리며 조렸던 마음
합격증 품에 안고
이 세상을 다 가진 아이처럼
송알 송알 싸리잎에 은 구슬– 부르며
집으로 내달렸던
아카시아 가득 핀 날

한 노래만 끝까지 부르며 가서
엄-마-, 나 왔어 하고 불렀으면 좋겠다

-「나 돌아가는 길은」 전문

그녀는 자신의 귀천(歸天)을 이렇게 노래한다. "잘 했는지 어땠는지/ 아무것도 기억에 없이" 열심히 살았고,[5] 열심히 살았기에 더 없을 세상을 가졌고, 그래서 "합격증 품에 안고/ 이 세상을 다 가진 아이처럼/ -송알 송알 싸리잎에 은 구슬- 부르며/ 집으로" 내달리듯, 그런 자신을 축복이라도 해주듯이 "아카시아 가득 핀 날"을 골라, "엄-마-, 나 왔어 하고 불렀으면 좋겠다"고. 그처럼 이 세상을 살다 가겠노라고.

그러니 어찌 지혜의 여신이 아니겠는가!

---

5) 지혜의 여신으로 불릴 때 최영진 시인의 서정에 핵을 이루는 키워드가 있다면 바로 이 말이다. 그녀는 삶에 대한 가치를 평가하지 않는다. 스스로 삶의 부분인데 어떻게 삶을 평가할 수 있겠는가. 그렇게 되면 비유컨대, 한 사람이 피고도 되고 원고도 되고 판결하는 사람도 되는 이상한 법정이 될 것이다. 그래서 그녀는 다만, "잘 했는지 어땠는지" 모르지만 최선을 다한 혹은 다하려는 지상에서의 삶을 말한다. 그리고 그 최선을 다함은 "이 세상을 다 가진 아이처럼"의 상태를 유지하는 것이다. 그 걸음 끝까지 가는 일이 그녀에겐 지상에서의 삶이고 동시에 귀천이다. 이 얼마나 아름다운 인생관인가.

손과손
아모르파티 시선 04

사랑은 빈집처럼

초판발행 2008년 10월 23일

지은이 최영진
펴낸이 최영남
펴낸곳 도서출판 손과손
등록번호 제2008-04호(2008. 1. 28)

주소 서울 양천구 신월동 희망길 6 (〒158-823)
이메일 handandhand@hanmail.net
전화 02-2606-0369 Fax 02-873-3260
영업 02-2273-4825 Fax 02-2271-3158

ISBN 978-89-961147-3-4 02810

정가 7,000원